Dedica

A mio nonno Innocenzo, che nonostante l'Alzheimer il mio nome non lo ha mai dimenticato, perché gli amori grandi, quelli veri, niente e nessuno li cancella:

nemmeno la morte, nemmeno l'Alzheimer.

Coltivare il ricordo. Approcci educativi con il paziente affetto da Alzheimer

di

Elena Ricci

INDICE

3

Prefazione

Si capisce già dal titolo che questi sono versi d'amore. Dalle prime alle ultime parole compare lui: nonno Innocenzo, a simbolo di tanti altri famigliari di qualcuno, che vivono la sua stessa situazione di malato di Alzheimer. Chi scrive è Elena, la nipote di Innocenzo, che si fa portavoce del dolore vissuto dalla sua famiglia e cerca altresì, con dati ed informazioni, di poter essere di aiuto a tutti coloro che vivono questa triste realtà. L'amore per i nonni è, per i nipoti, qualcosa di inspiegabile: c'è il rispetto, la consapevolezza del grande bene ricevuto e perché no delle difese e del supporto in caso di attriti coi genitori. E così vale per il contrario: l'amore verso i nipoti supera, dicono, anche quello verso i propri figli. La propria generazione che si tramanda, la soddisfazione di avere un pezzo di sé stessi che resterà al mondo. Per ogni nonno, il nipote è l'orgoglio più grande, tanto che diventa instancabile quando si tratta di dover tornare bambino insieme a lui. Nonostante gli acciacchi, un nonno non sente la fatica ed è sempre complice. Elena ha sempre avvertito la dolce presenza di questo pilastro della sua famiglia, sentendo così il dovere di dedicargli questo ricordo d'amore. I casi di demenza nella provincia di Taranto sono in continuo aumento e pare che da quando venga diagnosticata l'Alzheimer, i tempi restanti di vita vadano dai 3 ai 9 anni. Periodo nel quale molti non sanno come comportarsi, non sanno che mezzi hanno a loro disposizione come supporto e come formazione. E' più indicato portare il malato nei centri specializzati, trasferirlo nella casa dei parenti per essergli vicino o farlo restare nella propria abitazione? Come si può aiutare nei momenti dei suoi vuoti, delle sue voglie di fuga e nel pericolo che corre anche quando deglutisce? A queste domande Elena dà una risposta grazie alle utili informazioni ricevute dai professionisti del settore. Eppure anche tra quelle righe, molto più formali e "mediche", compare sempre nonno Innocenzo col suo pigiama, sul balcone, canuto e fragile come fosse ormai isolato dal mondo. Ebbene, è proprio questo che deve evitarsi: la solitudine di chi non ha colpe, di chi ha fatto una vita di sacrifici per non far mancare mai niente ai suoi cari, di chi è il collante della famiglia perché, diciamolo francamente, quando mancano i nonni resta un vuoto. Senza di loro ci sentiamo sempre un po' più soli. Questi versi sono un inno al rispetto della dignità umana. La vita attuale, frenetica e caotica per molti, diventa una scusa per essere assenti e meno attenti anche verso chi soffre. Fermiamoci un attimo e ricambiamo ciò che abbiamo ricevuto. Basta un "nonno, ti porto a casa ... e per sempre nel cuore".

Gabriella Miglietta

Introduzione

Presentare e discutere una tesi sulla demenza di Alzheimer e gli approcci educativi con questo tipo di paziente, non risulterà un lavoro facile, considerando la dimensione complessa della patologia, e soprattutto la complessità della dimensione empatica ed emozionale. Non è stato dunque semplice trasformare in ricerca, quella che in realtà è stata un'esperienza da caregiver e da famigliare di un malato di Alzheimer.

Il nostro territorio in termini di Alzheimer ha delle lacune abbastanza preoccupanti. L'incidenza della patologia è di molto aumentata nella nostra Regione, con conseguente mortalità, così come riportato dall'ultimo rapporto sulle cause di mortalità in Taranto e provincia, pubblicato dall'Azienda Sanitaria Locale. Le demenze sono in costante aumento, non è ancora certo se l'inquinamento ambientale sia un nesso causale, ma la malattia esiste, e con essa esiste un territorio che non ha nulla da offrire a questi pazienti e alle loro famiglie. Non esiste un supporto, non esistono centri specializzati, ma soprattutto non c'è adeguata formazione.

Le famiglie che un bel giorno si trovano a fare i conti con il cosiddetto morbo di Alzheimer, non sanno a chi rivolgersi, e soprattutto non sanno come approcciarsi al famigliare malato.

Soprattutto quando si tratta di una persona cara, un padre, una madre, moglie o marito, si fa fatica ad accettare il cambiamento in quella persona che improvvisamente non è più la stessa di sempre. Non si comprende il motivo di determinati atteggiamenti, di una sorta di trascuratezza, o di improvvisi sbalzi d'umore. In questo modo l'Alzheimer inizia ad impossessarsi della vita dell'intera famiglia, a maggior ragione se questa non è adeguatamente preparata ad affrontare il decorso fisico e cognitivo della malattia. A cosa vuole mirare dunque questo lavoro?

Restando in campo educativo, ho affrontato inizialmente il concetto di cura, dai punti di vista di Vanna Boffo, Rita Fadda, e Luigina Mortari, spiegando come nel tempo si è evoluto il concetto di cura, e come questa possa andare anche al di là del campo medico, come la cura insomma possa essere concepita come educazione.

Dopo una parte introduttiva sulla pedagogia della cura e la cura educativa, il mio lavoro è stato di tipo empirico sperimentale. Sulla base della mia esperienza da caregiver e famigliare di un paziente affetto da demenza di Alzheimer, ho intervistato operatori del settore, somministrando loro un questionario di dieci domande aperte. Hanno risposto al questionario psicologi, infermieri e medici geriatri, tutte figure professionali impegnate nella cura fisica e cognitiva del malato di Alzheimer. Le risposte al questionario sono state sorprendenti, e delineano quanto ho voluto dimostrare e proporre come nuovo approccio educativo nella parte finale del mio lavoro: la sinergia, la cooperazione tra le varie figure, e l'abbattimento del "muro" che divide i concetti di "curing" e "caring". Solo in questo modo, si potrebbe aiutare il paziente affetto da grave deterioramento cognitivo, e la sua famiglia, che molto spesso, presa e scossa dall' "io malato" del proprio famigliare, dimentica quell'"io sano" che è stato, e che ancora vive in lui.

Capitolo I

LA PEDAGOGIA DELLA CURA: ASPETTI, ANALISI, PROSPETTIVE E AMBITI

1. PEDAGOGIA DELLA CURA

1.1 Aspetti e analisi

Il termine "cura" ci porta inevitabilmente a pensare ad un gesto amorevole nei confronti di qualcuno. "Aver cura", "prendersi cura", rimanda a quell'amore primordiale che nel mondo umano ed animale caratterizza il rapporto madre-figlio. Dunque, un termine questo, che nella vita di tutti i giorni viene utilizzato per indicare generalmente, qualcosa di positivo, e una buona intenzionalità, essendo l'atto del "prendersi cura", concepito come un qualcosa di altruista. Nel comune linguaggio, forse questo, è un termine abbastanza utilizzato. Ma nel campo dell'educazione? Andando al di là delle varie interpretazioni attribuite alla parola, nel panorama dell'educazione e nel linguaggio pedagogico, la cura, come afferma Luigina Mortari[1], è «latente e oscurata, non semantizzata ed esplicitata». Proprio per questo motivo, i vari pedagogisti che hanno posto la cura al centro dei propri studi, cercano di dare ad essa i giusti riferimenti e il giusto valore significativo, riflettendo molto sia sugli aspetti pratici che su quelli teorici.

Ragionare in tal senso, risulta molto importante secondo Rita Fadda[2], in quanto vi è il serio pericolo che la categoria della cura, possa essere banalizzata da una semplice accezione aproblematica e generica. Fadda sosteneva che con questo modo di vedere la cura rischia di prospettarsi come una categoria pedagogica debole e in secondo piano rispetto alle categorie radicali e consolidate, legate alla formazione, educazione o progettazione educativa[3].

Dunque per Rita Fadda, è importante che in pedagogia, la cura sia al centro di un'attenta

---

[1] L. Mortari, *La pratica dell'aver cura*, Bruno Mondadori, Milano, 2006.

[2] R. Fadda, *Il paradigma della cura. Ontologia, antropologia, etica*, in V. Boffo (a cura di), *La cura in pedagogia*, Clueb, Bologna, 2006.

[3] R. Fadda, *op. cit.*, p. 17.

riflessione teorico empirica, affinché possano essere poste le basi per un supporto teorico, che porti la cura ad essere una categoria definita, radicale, ai fini educativi. Al contrario, se così non fosse, si rischierebbe di rendere la categoria della cura inconsistente da un punto di vista teorico, e di conseguenza inagibile, da un punto di vista pratico.

Luigina Mortari si sofferma sulla derivazione latina della parola "Cura", ovvero "pensiero solerte, e premura per qualcosa, interesse, ma anche inquietudine e preoccupazione, affaticamento, e poi allevamento e coltivazione"[4]. Dunque, secondo la Mortari, l'accostamento tra i vari significati, potrebbe voler dire, che l'aver cura, il prendersi cura, oltre a delineare un interessamento verso sé stessi (aver cura di sé), o verso gli altri (prendersi cura dell'altro), prevede anche un senso di affaticamento e di preoccupazione.

Lo stesso concetto è ripreso anche da Vanna Boffo, la quale sostiene che la cura sia un momento in cui l'uomo assume

---

[4] L. Mortari, *La pratica dell'aver cura*, Bruno Mondadori, Milano, 2006, *p.6*.

consapevolezza delle sue difficoltà, e capisca come superarle[5].

Secondo Luigina Mortari, la cura nel corso degli anni, è stata di molto sminuita e sottovalutata, in quanto il concetto è stato sempre accostato alla cura materna, al mondo femminile. La studiosa Mortari sostiene che la relazione madre-figlio, pur essendo del tutto meravigliosa e autentica poiché la madre porta nel proprio grembo il figlio per nove mesi, non può essere considerata un modello unico delle relazioni di cura. In passato infatti, gli insegnamenti nella scuola dell'infanzia ed elementare, sono stati le prime professioni a cui le donne hanno avuto accesso, proprio perché la relazione madre-figlio era concepita come modello di cura. Mentre gli insegnamenti accademici, erano riservati ai soli uomini per favorire la trasmissione di sapere e cultura. Pensare alla relazione madre-figlio come modello della relazione di cura significherebbe limitare la cura ad un legame primordiale, privato e prettamente femminile, anche se in una buona cura materna, dunque femminile in senso stretto, comunque, si possono rinvenire

---

[5] V. Boffo (a cura di), *La cura in pedagogia*, Clueb, Bologna, 2006

tutti gli elementi di un buon aver cura. Questo dimostra che la cura materna, non è solo naturale e strettamente fisica perché dettata da esigenze biologiche, ma è essa stessa fonte di trasmissione culturale. Questo, al contrario di quanto solitamente si pensa, ovvero che la donna sia incline per natura, ad avere cura della famiglia in casa, e degli anziani nella professione.

Tutto ciò identifica la cura come cura del corpo in senso materiale e lontana dallo spirito. Questo denota la polisemia della cultura, in quanto la stessa è anche, come sostiene Luigina Mortari rifacendosi a Socrate, *epimeleia,* ossia la pratica dell'aver cura di sé, e dell'aver cura dell'altro affinché l'altro abbia cura di sé. Per la Mortari, la cura della vita della mente[6], è allo stesso tempo vita delle emozioni, degli affetti, dei pensieri e delle relazioni, senza operare scissioni tra spirito e corpo.

Nella società moderna, il concetto di cura ha subito una sminuizione in quanto la stessa è stata accostata alla rinuncia alle proprie abitudini di vita, alla cancellazione di sé stessi

---

[6] L. Mortari, *Aver cura della vita della mente,* La Nuova Italia, Milano, 2002

in nome dell'altro. Invece, secondo Mortari (2002), chi pratica la cura intesa come *epimeleisthai*, ossia aver cura di sé e preoccuparsi di sé per favorire il divenire dell'altro, assume il valore di quello che fa, e sapere che ciò che si fa ha valore perché la cura è quel lavoro che sostiene la vita è argomento bastevole per dedicarsi alle pratiche di cura e con questa consapevolezza, si dedica ancor di più alle pratiche di cura. Non priva di nulla il prendersi cura di sé e degli altri. Al contrario, la consapevolezza di fare questo, e di farlo bene, assume per l'uomo un notevole valore simbolico[7].

Secondo Mortari la cura ha un'importanza ontologica, poiché l'aver bisogno di cure e prestare cura, sono caratteristiche inscindibili dall'uomo. L'uomo ha bisogno di cure durante l'infanzia, in quanto privo di essere alla nascita, e ha bisogno di prendersi cura di sé stesso nel corso della vita, in quanto proteso al poter essere. "Si parla di primarietà ontologica della cura perché è l'aver cura che crea le possibilità dell'esserci; per questo è definibile

---

[7] L. Mortari, *La pratica dell'aver cura*, Bruno Mondadori, Milano, 2006, *par.. p 27*.

come categoria formativa dell'esperienza. Si può parlare di primarietà ontologica della cura poiché l'essere umano ha bisogno di essere oggetto di cura (piano della passività), ma nello stesso tempo di aver cura, cioè di essere soggetto di pratiche di cura (piano dell'attività). Ha bisogno di essere oggetto di pratiche di cura perché, a partire dalla nascita, il ricevere cure è la condizione necessaria affinché si dischiudano le possibilità dell'essere; e ha bisogno di aver cura di sé, degli altri e del mondo per costruire direzioni di senso nella sua esistenza. Nonostante il fatto che il significato del termine "cura" vari da una società all'altra, la cura si profila nel senso di un aspetto universale della vita umana. Si può dire che la cura sia il luogo dove comincia il senso dell'esserci"[8].

Primarietà ontologica della cura dunque, in quanto l'uomo viene al mondo incompiuto, e diviene il proprio essere attraverso la cura[9]. Secondo Heidegger, la cura è una apriorità esistenziale, in quanto accompagna tutto il

---

[8] L. Mortari, *La pratica dell'aver cura*, Bruno Mondadori, Milano, 2006, *cit. p. 7*.

[9] M. Heidegger, *Essere e Tempo*, Halle, 1927

vissuto di un uomo. Essa è la prima relazione che incontra nel suo percorso formativo. Dunque la relazione con la propria madre o con un'altra persona di riferimento, è per l'uomo non solo necessaria al suo divenire, ma anche alla sua stessa esistenza.

1.2 La cura nell'educazione

Il filosofo tedesco Heidegger, afferma che la cura costituisce un'apriorità esistenziale, ossia, essa viene prima di ogni altra cosa a livello esistenziale, e accompagna l'uomo in tutto il suo vissuto. E considerato che, l'essere umano ha quale caratteristica, priorità, quella di costruire la propria esistenza, la cura ricopre un ruolo fondamentale nella riflessione dell'educazione e della pedagogia.

Attraverso la cura, l'uomo impara a costruire il suo percorso esistenziale. L'uomo dunque, dalle cure ricevute impara ad essere autonomo, ad aver cura di sé e di chi lo circonda.

Questo reincarna il concetto di educazione, il cui fine è quello di prendersi cura di sé e degli altri, per aiutarli nel proprio divenire. Non avere cura dell'altro, genera incuria. L'incuria è il contrario della cura e significa non sentire la responsabilità dell'altro, non aiutarlo a poter essere sé stesso. Qui entra in gioco il ruolo fondamentale dell'educazione, in quanto coloro che non ricevono cure, che sono trattati con incuria, appunto, avranno difficoltà a prendersi cura di sé. Dunque, l'incuria genera incuria, e aver cura, genera un circolo virtuoso.

"La cura pedagogica, la prima e più importante, se è cura autentica, ancora nell'accezione heideggeriana, sarà rivolta a far nascere nell'uomo il desiderio e l'esigenza di aver cura, a far sì che esso da oggetto diventi fin da subito soggetto di cura, sia messo in condizione di assumersi le sue cura, prima fra tutte la cura di sé. Così si può dire che la cura produce cura, in una circolarità infinita"[10].

Dunque, essendo l'educazione[11] basata sull'imprimere nell'uomo che si sta formando, la passione per la cura verso sé stesso, e di conseguenza verso gli altri, abbandona un punto di vista individualista, ponendo al centro il concetto l'alterità[12], secondo cui l'uomo non è chiuso in una sfera individuale, ma è dipendente dagli altri. Tutto ciò riprende il concetto su esposto, secondo cui l'uomo nasce carente, privo di forma, e pertanto necessita

---

[10] R. Fadda, *Il paradigma della cura. Ontologia, antropologia, etica*, in V. Boffo (a cura di), *La cura in pedagogia*, Clueb, Bologna, 2006, p. 26.

[11] L. Mortari, *La cura come asse paradigmatico del discorso pedagogico*, in V. Boffo (a cura di), *La cura in pedagogia*, Clueb, Bologna, 2006, p. 69

[12] V. Boffo (a cura di), *La cura in pedagogia*, Clueb, Bologna, 2006

delle cure degli altri per il divenire del suo essere.

1.2.1 La cura educativa

L'essere umano nel corso del suo cammino e della sua formazione, rischia di non riuscire a realizzarsi, e dunque di non riuscire a portare a compimento il proprio cammino formativo. Ad aiutarlo in questo momento di difficoltà, sarà la *cura educativa.* Grazie alla cura educativa, l'uomo potrà riprendere il proprio cammino di formazione, senza rischiare di fallire. La cura educativa dunque, potrà riparare quelle lacune dovute alla carenza di cure o alle cure inautentiche. Ciò detto, la cura, costituisce dunque, una delle categorie fondanti della pedagogia, in quanto pone alla stessa domande circa la natura dell'uomo. E' caratterizzata da primarietà ontologica, in quanto l'uomo non può sopravvivere biologicamente e non può realizzare sé stesso senza la cura, perché la vita ruota intorno al dare e ricevere cure.

Parliamo a questo punto di un *a priori* pedagogico, perché senza di essa, formazione ed educazione non potrebbero esistere.

Abbiamo detto che il concetto di cura abbandona la dimensione individualista e si proietta verso una visione relazionale.

La cura dunque si caratterizza di tre dimensioni: la cura di sé, la cura degli altri e la cura del mondo. La cura di sé, non include un concetto individualista come potrebbe sembrare, in quanto l'essere umano e un essere è sociale, dunque la cura di sé, oltre che cura del proprio corpo, della propria mente, delle proprie emozioni, delle proprie azioni, tende sempre alla cura dell'altro e avviene proprio attraverso essa (curare sé stessi per curare gli altri, curare gli altri perché abbiano cura di sé. Qui si richiama il concetto socratico di *epimeleia*).

La cura degli altri è anche cura di sé, in quanto l'atro è visto come parte costitutiva del sé.

La terza e ultima dimensione è quella della cura del mondo, di ciò che ci circonda, della natura, dell'ambiente, del passato, della conoscenza, della cultura, il tutto proteso al futuro.

2. AMBITI DELLA CURA EDUCATIVA

2.1 I luoghi della cura

La pedagogia della cura ha aree di intervento molto vaste, che vanno oltre il concetto fisico e privato di cura, rimandato al rapporto madre - figlio[13]. Tra le aree di intervento in cui opera la pedagogia della cura, abbiamo l'istituzione scolastica, l'associazionismo, il volontariato[14]. In questi vari ambiti, la pedagogia della cura è tesa alla formazione di un uomo coscienzioso e responsabile, che sappia fare prevenzione in casi di disagio, che riesca a donare benessere, creare benessere e mantenere il benessere. La pedagogia della cura, tende altresì, ad aiutare e proteggere persone di qualsiasi età (dalla prima infanzia all'età anziana) preservando la dignità del soggetto, qualora la situazione che sta vivendo, dovesse comprometterla. Insomma, aver cura dell'altro, significa riportare il soggetto, aiutare il soggetto a compiere la sua

---

[13] L. Mortari, *La pratica dell'aver cura*, Bruno Mondadori, Milano, 2006.

[14] L. Pati, (a cura di), *Ricerca pedagogica ed educazione familiare. Studi in onore di Norberto Galli*, Vita e Pensiero, Milano, 2003

progettualità; ergo, aver cura dell'altro significa contribuire alla formazione del suo essere. In altre parole, aver cura dell'altro, significa educare.

La cura non è solo argomento pedagogico ed educativo, infatti la stessa ha a che fare anche con altri ambiti, come la medicina (se si pensa alla cura del paziente, alla cura della malattia), la psichiatria, la psicologia, e anche altri ambiti delle scienze umane come la filosofia, e la sociologia. La cura è intesa anche come "cura religiosa", attraverso le quali si "curano le anime" proiettandole verso la giusta direzione. Insomma, esistono vari tipologie di cura, ma secondo Vanna Boffo, ogni cura, che sia una cura medica, psicologica o una cura spirituale, come nel caso delle religioni, è sempre di tipo pedagogico, in quanto tesa all'ascolto, al dialogo e ad uno scambio di attenzione tra i soggetti.

Esiste una differenza tra il "curare" e il "prendersi cura". Se si parla di curare da un punto di vista sanitario, parliamo di "curing", ovvero di piani terapeutici, trattamenti e obiettivi terapeutici; se invece intendiamo la cura in senso educativo (prendersi cura), parliamo di "caring", ovvero piani e processi educativi.

Ma tornando a quanto sostiene la studiosa Vanna Boffo, ossia, che ogni tipo di cura è di tipo pedagogico, anche in un contesto medico e terapeutico, la cura assumerebbe questa valenza, in quanto la cura si rivolge all'uomo malato e non alla sola malattia.

In altre parole, non si cura solo il male del paziente, ma il paziente che è affetto da un male. L'uomo dunque, il suo essere, la costruzione e il recupero del suo essere, assumono centralità anche quando il concetto di cura è inteso in ambito medico.

Se consideriamo infatti, la relazione medico – paziente, essa non si sofferma esclusivamente sulla diagnosi, e sul conseguente piano terapeutico, ma tra le due figure si instaura un rapporto di fiducia, e il medico attraverso le sue parole, aiuta il paziente nel suo percorso. Dunque, in parole povere, il medico nel curare il paziente da un punto di vista clinico, lo "educa", per così dire, ad avere cura di sé stesso (se pensiamo alla fiducia che il medico infonde nel paziente nel seguire una determinata terapia, quindi a curarsi, curare sé stesso).

Questo tipo di educazione, nel caso su citato tra medico e paziente, non è di tipo intenzionale, in quanto il medico si pone come obiettivo la cura della malattia, mediante il suo piano terapeutico. Questo confermerebbe dunque la tesi del filosofo tedesco Heidegger[15], il quale sostiene che l'apriorità esistenziale della cura, ossia che il bisogno di cura e dell'aver cura, nasca con l'uomo e lo accompagni in tutto il suo vissuto.

Gli ambiti in cui avviene la cura educativa sono diversi. Abbiamo tre sistemi identificati come luoghi della cura educativa: il sistema formale, e il sistema informale.

Il sistema formale comprende l'istituzione scolastica, nella figura dell'insegnante; lo psicologo, il medico, la figura dell'educatore e l'assistente sociale.

Il sistema informale invece, comprende i cosiddetti aiutanti naturali, o "natural helpers",

---

[15] M. Heidegger, *Essere e Tempo*, Halle, 1927

ovvero coloro che spontaneamente contribuiscono al sistema d'aiuto nei luoghi della cura. Tra questi troviamo in primo piano la famiglia, la prima istituzione deputata alla crescita, formazione del soggetto, e alla trasmissione di cultura; poi abbiamo le associazioni di volontariato e i vari gruppi di sostegno.

Ricapitolando dunque, la cura, a prescindere dal contesto nel quale si esplica (che sia medico, psicologico, spirituale), ha sempre e comunque valenza pedagogica, in quanto tesa all'educare l'uomo a formarsi, ad essere, ergo, ad aver cura di sé stesso.

La cura e l'aver cura non sono intese solamente come cura del corpo, ma come cura del proprio essere, teso a ad aver cura degli altri, affinché anche l'altro da noi possa "esserci".

Il concetto di cura, anche nel rapporto madre-figlio, presuppone sempre una trasmissione di valori culturali, che continua poi con la scuola. La cura dunque, è educazione, e rimane tale anche in ambito clinico, in quanto si tende a curare l'uomo affetto da malattia, e non isolatamente la malattia che affligge l'uomo.

Ogni ambito della cura, dunque, è legato indissolubilmente alla pedagogia, che ha fatto della cura stessa, una sua categoria radicale.

2.2 Prospettive

Abbiamo esaminato nel primo paragrafo del secondo capitolo, quelli che sono gli ambiti e i luoghi della cura. Abbiamo visto come il concetto di cura sia oggi polisemico, ma nonostante ciò, è sempre riscontrabile la sua valenza pedagogica, in quanto in ogni ambito essa sia applicata (famiglia, medicina, psicanalisi), si interroga e interroga sull'uomo, tendendo ad "educare" lo stesso.

Sempre nel paragrafo citato, abbiamo riportato l'esempio del rapporto medico-paziente, incalzando sulla valenza pedagogica del concetto di cura, in quanto il medico, seppur "interessato" a curare la malattia del paziente mediante il suo piano terapeutico, volto all'ottenimento di alcuni obiettivi, quasi inconsapevolmente, con il rapporto instauratosi, e soprattutto con il dialogo (elemento fondamentale nella cura educativa), cura pedagogicamente il paziente, ovvero fa in modo che lo stesso curandosi (rispettando il piano terapeutico prescrittogli), abbia cura di sé stesso.

Ovviamente ciò, emerge analizzando il rapporto medico paziente preso in esempio, ma come abbiamo detto, il tutto avviene in maniera quasi inconsapevole. Oseremmo dire, che il medico "non sa di educare".

Per rafforzare dunque la valenza educativa, e quindi pedagogica, della cura intesa in senso clinico e non solo; e preparandoci ad affrontare i capitoli successivi in cui parleremo di approcci medici e non ("curing" e "caring") con il paziente affetto da morbo o demenza di Alzheimer, analizziamo adesso, quelle che sono le prospettive della pedagogia della cura.

Prima fra tutte, contrastare la netta separazione tra i concetti di "curing" e "caring". Abbiamo detto nel paragrafo precedente, che il termine "curing" fa riferimento all'ambito sanitario, dunque si limita esclusivamente all'ambito terapeutico, alla dimensione "tecnica" del curare, quindi strettamente funzionale, che vede il professionista sanitario impegnato nel guarire il paziente dalla sua patologia. Il termine "caring" invece, fa riferimento al prendere in cura, all'avere a cuore il paziente, e la dimensione nel quale la patologia lo proietta, sia da un punto di vista fisico che da un punto di vista psicologico.

Essendo la professione medica, e tutte le sue varie specializzazioni, messa in atto dall'uomo per il bene di altri uomini, come avevamo accennato, una prima prospettiva è quella di eliminare quanto più possibile la barriera che divide il tecnicismo proprio del concetto di "curing", dall'umanesimo ("caring")[16].

Superare questo divario è fondamentale nel momento in cui ci si trova difronte ad una patologia cronica, come ad esempio le demenze che affronteremo nei capitoli successivi, dove i "tecnicismi", poco oramai possono fare. Bisogna dunque, passare da un concetto di cura come presa in consegna della malattia, a un concetto di cura basato sulla compartecipazione all'esperienza che sta segnando la vita di quel paziente. Importante in questo scenario dunque, considerare la malattia (parliamo sempre di malattia cronica), non solo come causa di fattori che l'hanno determinata, ma anche come percorso di ascolto, comprensione e dialogo tra operatori e paziente.

---

[16] F. Folgheraiter, *Il senso della medicina tra "curing" e "caring"*, Saggio scientifico, Rivista scientifica del lavoro sociale, 2012.

BIBLIOGRAFIA

L. Mortari, *La pratica dell'aver cura*, Bruno Mondadori, Milano, 2006.

[2] R. Fadda, *Il paradigma della cura. Ontologia, antropologia, etica*, in V. Boffo (a cura di), *La cura in pedagogia*, Clueb, Bologna, 2006.

[3] R. Fadda, *op. cit.*, p. 17.

[4] L. Mortari, *La pratica dell'aver cura*, Bruno Mondadori, Milano, 2006, *p.6.*

[5] V. Boffo (a cura di), *La cura in pedagogia*, Clueb, Bologna, 2006

[6] L. Mortari, *Aver cura della vita della mente*, La Nuova Italia, Milano, 2002

[7] L. Mortari, *La pratica dell'aver cura*, Bruno Mondadori, Milano, 2006, *par.. p 27.*

[8] L. Mortari, *La pratica dell'aver cura*, Bruno Mondadori, Milano, 2006, *cit. p. 7.*

[9] M. Heidegger, *Essere e Tempo*, Halle, 1927

[10] R. Fadda, *Il paradigma della cura. Ontologia, antropologia, etica*, in V. Boffo (a cura di), *La cura in pedagogia*, Clueb, Bologna, 2006, p. 26.

[11] L. Mortari, *La cura come asse paradigmatico del discorso pedagogico*, in V. Boffo (a cura di), *La cura in pedagogia,* Clueb, Bologna, 2006, p. 69

[12] V. Boffo (a cura di), *La cura in pedagogia,* Clueb, Bologna, 2006

[13] L. Mortari, *La pratica dell'aver cura*, Bruno Mondadori, Milano, 2006.

[14] L. Pati, (a cura di), *Ricerca pedagogica ed educazione familiare. Studi in onore di Norberto Galli,* Vita e Pensiero, Milano, 2003

[15] M. Heidegger, *Essere e Tempo*, Halle, 1927

[16] F. Folgheraiter, *Il senso della medicina tra "curing" e "caring",* Saggio scientifico, Rivista scientifica del lavoro sociale, 2012.

Capitolo II

CURING E CARING: LA PAROLA AGLI OPERATORI DEL SETTORE

Introduzione

Iniziamo ad entrare nel vivo del lavoro, esplorando le due dimensioni del "curing" e del "caring", analizzando le risposte degli operatori del settore. La ricerca si è svolta essenzialmente, sottoponendo medici, operatori socio sanitari, operatori socio assistenziali, infermieri, educatori e psicologi, ad un questionario composto da dieci domande aperte. Nel questionario è stato chiesto loro di esprimere il proprio concetto di cura, ed illustrare modelli di intervento sia negli ambiti del "curing" che del "caring", relativamente all'approccio con un paziente affetto da demenza di Alzheimer.

1. Pedagogia della cura. Approcci con il paziente affetto da demenza di Alzheimer

Per proporre nell'ultimo capitolo del seguente lavoro il nostro metodo e approcci educativi con il paziente affetto da demenza di Alzheimer, abbiamo sottoposto diverse figure professionali ad un questionario composto da dieci domande aperte. Hanno offerto il loro contributo e competenza, un educatore, tre infermieri, una psicologa, una psicoterapeuta, un dirigente medico geriatra e un'operatrice socio-assistenziale di una RSA.

Sono state ascoltate figure che quotidianamente si approcciano con pazienti affetti da questa patologia. Tra questi abbiamo ascoltato una psicologa e due infermieri del centro "Alzheimer +" di Taranto, rispettivamente la dottoressa Antonia Floriana Signorile, responsabile del centro, e gli infermieri Cesare Natale e Daniela Lelli. Abbiamo poi ascoltato una psicologa e psicoterapeuta esperta in neuropsicologia e psicodiagnostica, dottoressa Rossana Putignano; abbiamo ascoltato un educatore e un infermiere del centro di cura per anziani "San Pio e Madonna dell'Immacolata" di Corigliano Calabro, provincia di Cosenza; il dirigente medico geriatra del reparto di geriatria dell'ospedale "San Giuseppe Moscati", dottor Cataldo Spada, e un'operatrice socio assistenziale della RSA "San Raffaele" di Crispiano, Lorena Amatuzzo.

1.1. Cosa significa "aver cura"

Aver cura. In campo medico, infermieristico e assistenziale, cosa significa per voi avere in cura un paziente?

La prima domanda alla quale abbiamo sottoposto queste figure è stata la seguente:

Aver cura. In campo medico, infermieristico e assistenziale, cosa significa per voi avere in cura un paziente?

L'educatore del centro di cura per anziani "San Pio e Madonna e dell'Immacolata", ci ha risposto che avere in cura un paziente significa farsi carico della persona "in toto", prendendo in considerazione tutti gli aspetti del paziente per cercare di soddisfare il più possibile le sue esigenze.

L'infermiere dell'omonimo centro ci ha invece risposto che prendersi cura del paziente esprime un coinvolgimento personale con la persona che soffre, attraverso la compassione, la premura, l'incoraggiamento e sostegno emotivo oltre quello medico.

Gli infermieri del centro "Alzheimer +" di Taranto, Daniela Lelli e Cesare Natale, ci rispondono invece che per loro significa, innanzitutto prendersi cura dell'aspetto psicologico, facendosi carico e impegnandosi al massimo a mantenere intatta la sua dignità di persona non più in grado di essere auto sufficiente.

La psicologa, responsabile del medesimo centro, dottoressa Antonia Floriana Signorile, risponde che secondo l'approccio psicologico, è importante, favorire una visione olistica della salute e della qualità della vita fornendo la base per una rivalutazione della persona come centro ed oggetto dell'attenzione.

Pertanto, il centro Alzheimer +, ha tra le sue finalità il miglioramento della compliance e dell'efficacia terapeutica ed il miglioramento della qualità delle relazioni e della qualità della vita dell'ospite. Infatti i destinatari che si rivolgono presso questa struttura sono persone affette da patologie neurodegenerative con deterioramento cognitivo (Alzheimer, Demenze) e familiari o persone che a titolo diverso, lo assistono e condividono le difficoltà che comporta la malattia. L'intervento vuole essere di supporto continuativo alla diagnosi e assistenza del medico di base e alla cura terapeutica del medico specialista, in quanto parallelamente una psico-educazione cognitiva e comportamentale adeguata ritarda i processi degenerativi soprattutto in uno stadio iniziale della malattia.

La dottoressa Rossana Putignano, psicologa e psicoterapeuta esperta in neuropsicologia e psicodiagnostica, risponde invece che avere cura significa innanzitutto conoscersi bene e sapere quello che è del professionista e quello che è del paziente, per evitare che i contenuti personali del professionista possano influire o distorcere l'approccio che lo stesso ha con il paziente. Significa sospendere ogni giudizio e accettare il paziente così com'è per accogliere il suo vissuto. Prendersi cura vuol dire, non darsi totalmente al paziente ma accogliere la sua esperienza intima e restituirla in una forma più chiara. Il paziente viene prima delle necessità di guadagno, tuttavia il rispetto di verso se stessi non deve mai mancare: occorre dosare le proprie energie per potersi dedicare anche ad altre persone. Non a caso gli specialisti hanno un tempo limitato entro cui effettuiamo le psicoterapie.

Il geriatra, dottor Cataldo Spada, ci ha risposto che aver cura significa cercare di risolvere nel miglior modo possibile, attraverso terapie mediche, le problematiche cliniche di cui il paziente è affetto.

L'OSA, Lorena Amatuzzo, ci risponde invece che avere in cura un paziente significa occuparsi di lui a 360 gradi: sia dal punto di vista personale e umano, entrando anche in empatia con il paziente in modo da rendergli la vita quanto più dignitosa possibile.

1.2 Approcci con il paziente affetto da demenza

Quali sono gli approcci con il paziente affetto da demenza e che non ha la piena cognizione di chi e cosa lo circonda?

A questa seconda domanda del nostro questionario nello stesso ordine, le nostre figure professionali hanno risposto in questo modo:

l'educatore del centro per anziani "San Pio e Madonna dell'Immacolata", ha risposto che l'approccio è sicuramente quello medico, che però non può prescindere dall'approccio pedagogico.

L'infermiere dell'omonimo centro, ci ha invece risposto che l'approccio giusto è quello di incoraggiare l'indipendenza del malato, coinvolgendolo nel quotidiano e spronandolo ad autogestirsi, comunicare con parole e gesti mostrandogli la propria vicinanza.

Gli infermieri del centro "Alzheimer +" di Taranto, Daniela Lelli e Cesare Natale, ci hanno invece risposto che l'approccio giusto è quello amorevole ed empatico, che unito ad attività occupazionali rallenta i processi degenerativi e, in alcuni casi, risveglia ricordi assopiti. Il loro lavoro ha l'obiettivo di trasmettere tranquilla serenità in un clima armonioso e coinvolgente.

La responsabile del centro invece, dottoressa Signorile, risponde che l'approccio utilizzato è una psico-educazione di orientamento cognitivo-comportamentale di gruppo unita a laboratori occupazionali, creativi, di musicoterapia e arte terapia.

Le attività hanno impatti intensi ed estesi sul benessere psico-fisico della persona.

Si tende a valorizzare la dignità umana, per contrastare l'isolamento sociale e prevenire un deflusso del tono dell'umore verso sintomi depressivi che peggiorerebbero la patologia.

L'ambiente, lo spazio diventa valenza terapeutica per il trattamento dell'ospite

Nel sistema Gentlecare, l'ambiente è considerato come qualche cosa di più dello spazio fisico in cui la gente vive. È una delle tre componenti della protesi che ha come obiettivo non il recupero della funzione persa, ma l'incremento del benessere rispettando la dignità della persona nella sua interezza.

Le tre componenti – persone, programmi e spazio fisico – lavorano in armonia per produrre l'aiuto necessario per il raggiungimento del benessere.

L'ambiente è il luogo in cui la persona deve vivere, deve essere vissuto e devono poter ricordare gli oggetti personali famigliari.

Al centro si cerca di offrire un luogo caldo, accogliente che li faccia sentire rassicurati e non giudicati.

La psicologa e psicoterapeuta Rossana Putignano invece ci risponde che il tutto dipende dallo stadio in cui il paziente si trova. Un paziente con inizio di demenza si trova in quello che chiamiamo MCI *(mild cognitive impairment)*: il paziente accusa i primissimi segni di un decadimento attraverso piccole dimenticanze e anomia e fa di tutto per non prenderli in considerazione. L'approccio dunque è esclusivamente di tipo neuropsicologico. Nel caso in cui un paziente mostra segni evidenti di decadimento (corroborati da esami di neuro immagine), se il paziente è anziano, non è necessario renderlo consapevole della malattia in corso, mentre per un adulto giovane è importante renderlo consapevole ai fini della *compliance* farmacologica, utile a rallentare il processo di decadimento. Agli stadi finali l'unico approccio possibile è quello che utilizza il comportamento non verbale (carezze, i gesti, lo sguardo ecc..) per comunicare vicinanza.

Il dottor Cataldo Spada, ci risponde che l'approccio deve essere di tipo "globale", in quanto la sola terapia farmacologica non può garantire la massima risposta efficace alla malattia. Bisogna quindi affiancare all'aspetto sanitario, quello sociale, psicologico, educativo.

L'OSA Lorena Amatuzzo, ci risponde invece che l'approccio con un paziente affetto da demenza non è semplice e varia a seconda dell'entità della patologia, della personalità del paziente e di altri molteplici fattori che lo riguardano. Sicuramente il primo approccio deve avvenire con fare sicuro e pacato, senza lesinare sorrisi e cortesia. Egli infatti non comprenderà cosa si dice o si fa, ma comprenderà molto bene i toni e i modi.

1.3 Comunicare con l'"Io sano"

La cura è un termine dai molteplici significati, in campo pedagogico come anche in campo medico, significa aiutare l'altro a superare un problema. Nel caso specifico di un paziente affetto da demenza, esiste ancora secondo lei, un "io sano" con il quale poter comunicare?

Alla terza domanda del nostro questionario, le nostre figure professionali, sempre nello stesso ordine, hanno risposto così:

l'educatore del centro di cura per anziani "San Pio e Madonna dell'Immacolata" ha risposto che resta sempre un "io sano", che quando meno lo ce lo si aspetta, reagisce ad uno stimolo spesso da noi considerato innocuo. Questo stimolo può consistere semplicemente per il paziente, nel pronunciare il proprio nome.

L'infermiere dell'omonimo centro, risponde che in ogni paziente affetto da demenza di Alzheimer esiste ed esisterà un "io sano" che compare nei vecchi ricordi, in una canzone, pronunciando il nome di una persona ad egli cara.

Gli infermieri del centro "Alzheimer+" di Taranto, Daniela Lelli e Cesare Natale, ci rispondono che dovremmo tutti imparare a comunicare verso l'io sano del paziente, in particolare il caregiver dovrebbe evitare tutti quegli atteggiamenti erroneamente super protettivi e a volte anche rabbiosi (che hanno origine dallo stress legato alla situazione e alla patologia), che si rivolgono solo all'io malato della persona.

La responsabile del centro, dottoressa Signorile, ci risponde che considerando che nel Centro Alzheimer+, gli ospiti sono prevalentemente con deterioramento cognitivo lieve o moderato, lei personalmente durante le sue attività tende a considerare non la parte malata ma quella sana, il fine del suo lavoro è infatti, cercare di mantenere il più possibile nel tempo proprio quel "io sano", che le consente alcune volte anche di poter effettuare dei colloqui clinici con la persona per indagare e supportare la loro componente emotiva- la malattia preclude una perdita di questa parte sana ma, la dottoressa, considera il suo operato una lotta contro il tempo e più questa rimane intatta nei giorni e nelle settimane e più per lei è una vittoria, nonostante consapevolezza che si andrà deteriorando cerca di regalare quanto più tempo possibile alla persona.

La dottoressa Rossana Putignano risponde che il canale non verbale è l'unico possibile per comunicare la nostra vicinanza a questo tipo di pazienti. Non si può parlare di "io sano" e "non sano" ma di aree ancora preservate o compromesse, di funzioni strumentali della vita quotidiana ancora in piedi e quelle perdute, di perdita di autonomia funzionale e di necessità di assistenza o meno.

Il dottor Cataldo Spada, geriatra, ci dice che sicuramente esiste un io sano con cui comunicare, perché la malattia di Alzheimer per definizione, inizia in età non avanzata e con aspetti talmente sfumati, da far definire il paziente sostanzialmente "sano".

L'OSA Lorena Amatuzzo, ci risponde che c'è sempre un io sano con cui poter comunicare. E per capire qual è, bisogna entrare in empatia con il paziente.

1.4 Curing e caring

Curing e Caring. La prima affermazione abbraccia la sfera professionale e tecnica del medico, la seconda invece, la dimensione umana e pedagogica. Secondo lei, queste due dimensioni viaggiano di pari passo?

A questa nostra quarta domanda, i nostri esperti (sempre nello stesso ordine) hanno risposto come di seguito:

l'educatore del centro per anziani "San Pio e Madonna dell'Immacolata" ha risposto che curing e caring si completano e si compensano, non possono che viaggiare contemporaneamente. Di queste due dimensioni, l'una richiama l'altra.

L'infermiere dell'omonimo centro ci risponde allo stesso modo, sottolineando che entrambe si compensano. L'una è funzionale all'altra.

Gli infermieri del centro "Alzheimer +" di Taranto, Daniela Lelli e Cesare Natale, invece ci rispondono che dovrebbero e devono viaggiare sempre di pari passo. Nella gestione delle demenze, alcune volte è importante la somministrazione di farmaci, ma senza escludere mai l'intervento psico-sociale, cognitivo e comportamentale sul paziente. Un lavoro che deve essere seguito da una equipe con le diverse figure professionali (medico, psicologo, educatore).

La responsabile del centro, dottoressa Signorile, ci risponde che oltre agli aspetti organici, è presente anche un importante e maggiore coinvolgimento delle dimensioni emotive e psicosociali.

Alla base c'è un cambiamento dei paradigmi terapeutici di gestione delle demenze.

Accanto all'approccio scientifico pertanto, è importante porre importanza agli interventi psicosociali, cognitivi e comportamentali sul paziente, considerato non più, esclusivamente oggetto di trattamento ma una persona con cui relazionarsi empaticamente.

La dottoressa Rossana Putignano invece ci risponde che entrambe le dimensioni viaggiano assolutamente insieme. La divisione cartesiana di *res cogitans* e *res exstensa* è roba vecchia ormai, mente e corpo vanno di pari passo, dunque il medico non può prescindere dal prendersi cura anche della dimensione umana e lo psicologo non può e non deve fare a meno di valutare la dimensione corporea a cui deve dare priorità attraverso l'invio a medici specialisti.

Il dottor Cataldo Spada, geriatra, ci ha risposto che sicuramente viaggiano di pari passo, in quanto l'uno non può prescindere dall'altro.

L'OSA Lorena Amatuzzo ci parla invece di curing e caring che nella maggior parte dei casi viaggiano sempre di pari passo.

1.5 L'importanza del caring

Di fronte ad una patologia cronica come la demenza di Alzheimer, quando il "curing", ovvero l'approccio terapeutico nel senso clinico, non può più risolvere il problema, quanto è importante il caring?

Alla quinta domanda, mantenendo lo stesso ordine, i nostri esperti rispondono in questo modo:

l'educatore del centro per anziani "San Pio e Madonna dell'Immacolata", risponde che in casi come quello indicato in domanda, il caring è importantissimo. Si cerca di colmare la frustrazione di non poter quantificare con indici positivi la degenerazione della malattia, con la dimensione umana e pedagogica.

L'infermiere dell'omonimo centro, ci risponde anch'egli che in questi casi il caring è molto importante, in quanto importante è il valore umano, l'azione pratica quando non è possibile guarire la malattia.

Gli infermieri del centro "Alzheimer +"di Taranto, Daniela Lelli e Cesare Natale invece, ci rispondono che è stato dimostrato che gli interventi non psicologici sono efficaci per cercare di mantenere vive le risorse residue, dunque importante la dimensione del caring.

La responsabile del centro su menzionato, dottoressa Signorile, ci risponde quasi allo stesso modo, ovvero che gli interventi non farmacologici, hanno dimostrato di essere efficaci, sia sul versante cognitivo sia comportamentale

Pertanto, è fondamentali fornire ad un paziente con deterioramento cognitivo, un sostegno psico – educativo per il suo benessere con il fine di supportare le sue abilità residue, sopperire alle potenzialità perdute, riducendo il suo livello di stress.

La dottoressa Rossana Putignano ci risponde invece che importantissimo è il prendersi cura dell'anziano attraverso i gesti, la mimica facciale e il comportamento per trasmettere all'anziano che ci siamo e che c'è qualcuno di familiare che si occupa di loro. Quando ormai non è più possibile, da parte loro, riconoscere i volti dei familiari, rimane sempre qualcosa di quello che facciamo per loro, come una sorta di memoria corporea. Loro ci sorridono e ci stringono con forza, vogliono qualcuno che si occupi di loro, come fossero dei bambini.

Il dottor Cataldo Spada ci dice che laddove l'approccio farmacologico non ha efficacia nel risolvere il problema, il caring riveste un ruolo importante nel cercare di mantenere il controllo sulla qualità della vita del paziente, senza che lo stesso vada incontro ad una sofferenza psicologica.

L'OSA Lorena Amatuzzo ci risponde invece, che nel caso particolare del paziente affetto da Alzheimer, il caring può riuscire ad ottenere qualcosa e ad arrivare dove il curing non può.

1.6 Medicina ed educazione

Il malato di Alzheimer perde la cognizione di se stesso, e molto spesso compie azioni che ledono la sua dignità. Qual è in questo caso l'intervento del medico, infermiere, operatore o educatore? Il medico si limita solo alla prescrizione della terapia, o si mette in gioco anche a livello educativo?

Alla sesta domanda del nostro questionario, nello stesso ordine, le nostre figure professionali hanno risposto così:

l'educatore del centro per anziani "San Pio e Madonna dell'Immacolata" di Corigliano Calabro, ha risposto che l'intervento farmacologico in alcuni di questi casi può essere necessario e il medico in quanto "essere umano", ha il dovere di mettersi in gioco anche a livello educativo.

L'infermiere dell'omonimo centro risponde come l'educatore, ovvero che ogni operatore sanitario ha il dovere di mettersi in gioco anche a livello educativo.

Gli infermieri del centro "Alzheimer +" di Taranto, Daniela Lelli e Cesare Natale, hanno risposto che l'intervento maggiore è quello di cercare di prevenire questo tipo di disturbi comportamentali che spesso sono la conseguenza di errati comportamenti a volte super protettivi e repressivi, da parte dei familiari, ed ecco l'importanza di una buona e adeguata formazione e informazione ai familiari (caregiver).

La responsabile del centro, dottoressa Signorile, risponde che l'approccio psicologico in questi casi, tende ad una educazione del caregiver .

Nel Centro Alzheimer +, vengono infatti, organizzati incontri formativi ed informativi a riguardo per non lasciare solo il familiare in queste situazioni il fine è quello di fornire loro, degli strumenti di gestione utili ad affrontare o a prevenire i disturbi comportamentali della persona.

La dottoressa Rossana Putignano risponde invece che l'ammalato di Alzheimer perde la sua dignità solo davanti l'ignoranza. Per quanto riguarda il dovere di "educare" e del mettersi in gioco questo è a discrezione del medico, c'è quello bravo e più sensibile e quello meno bravo. Nelle sue collaborazioni raramente la dottoressa ha visto medici insensibili agli aspetti educativi però, è del parere che occorra più informazione e un lavoro di squadra affinché la riabilitazione cognitiva sia uno strumento più conosciuto e diffuso, non tutti i medici la conoscono.

Il dottor Cataldo Spada ci dice che il medico deve avere una visione d'insieme del problema e agire quindi su più fronti, per raggiungere un obiettivo finale: il benessere del paziente che cura.

L'OSA Lorena Amatuzzo, ci dice che il medico può intervenire e suggerire come agire in determinate situazioni. Gli infermieri e gli operatori, sono invece più vicini al paziente in questi casi spiacevoli.

1.7 Rievocare per rieducare

Il malato di Alzheimer non ricorda i nomi, perde la cognizione spazio tempo, alternando anche il sonno alla veglia. Può non ricordare un nome, un volto, ma non perde la percezione del ricordo, è capace di provare un'emozione anche al solo contatto, e soprattutto è legato alle abitudini che tenta di rievocare nelle maniere più strane. Quanto sono importanti questi aspetti per una nuova prospettiva della cura educativa?

Alla settima domanda del nostro questionario, sempre nello stesso ordine, i nostri professionisti hanno risposto così:

l'educatore del centro per anziani "San Pio e Madonna dell'Immacolata" di Corigliano Calabro, ha risposto che questi aspetti sono importantissimi. La quotidianità è un fattore protettivo nei confronti di questa tipologia di malati. Ecco perché quando questi pazienti vengono inseriti in programmi riabilitativi, si cerca il più possibile di rendere il nuovo ambiente simile al precedente.

L'infermiere dell'omonimo centro, ha risposto anch'egli che questi aspetti sono molto importanti, sempre sulla scorta di rendere il nuovo ambiente simile a quello proprio (dal punto di vista del paziente).

Gli infermieri del centro "Alzheimer +" di Taranto, Cesare Natale e Daniela Lelli, hanno risposto che un malato di Alzheimer può non ricordare il tuo nome, dove si trova, ma se lo si prova a toccare con dolcezza, può non essere in grado di sorridere, ma sorrideranno i suoi occhi. Dovremmo tutti imparare ad ascoltare i loro silenzi ed amarli, rispettarli per quello che oggi sono e non per quello che vorremmo fossero.

La responsabile del centro, dottoressa Signorile, ha risposto che durante le attività del Centro ci si principalmente sulla reminiscenza di un'emozione, dando molta importanza all'aspetto empatico ed alla comunicazione non verbale.

L'emozione dunque, è alla base di tutto, poiché attraverso le emozioni i loro ospiti comunicano, è una comunicazione questa che va oltre la parola che in questi casi perde di significato.

Anche durante la psico-educazione che la dottoressa Signorile svolge personalmente con loro, non è tanto importante il numero di oggetti che riescono a ricordare quanto invece i loro sguardi sereni, l'appartenenza al gruppo, le risate o i sorrisi quando raggiungono dei piccoli traguardi

Cambiare segno alle loro emozioni – da negative trasformarle in positive nel buio e nella confusione dei loro pensieri è più che una prospettiva educativa, significa concedere dignità ai loro giorni e ai vissuti della quotidianità che tanto spaventano.

La dottoressa Rossana Putignano risponde che le tecniche di memoria possono aiutare tantissimo ad attutire le difficoltà quotidiane. Secondo la dottoressa Putignano si dovrebbe dare ai pazienti più spazio e importanza, formando il più il possibile il personale medico che trasmetterà le stesse tecniche al paziente e ai familiari.

Il dottor Cataldo Spada, geriatra, ci dice che il processo di rievocazione della memoria può rappresentare uno degli aspetti importanti della cura educativa, cercando di mantenere e ravvivare l'interesse del paziente con il mondo esterno e con gli altri, riducendone così l'eventuale aggressività, rivitalizzando l'unione e migliorando la qualità della vita.

L'OSA Lorena Amatuzzo, ci risponde che un paziente affetto da Alzheimer, ha per lo più ricordi remoti e sfocati della sua vita. Questi ricordi sono fondamentali per lui e rappresentano tutto ciò che gli resta. Uno sguardo, una carezza, una voce familiare e particolarmente cara, possono suscitare e smuovere forti emozioni, che fanno emergere quell'io nascosto che sembrava essersi perso.

1.8 Cura medica e cura pedagogica

"Curare" è tanto un termine medico quanto pedagogico, in quanto aver cura significa educare. Esaminando sempre la stessa tipologia di paziente, quale dimensione prevale secondo lei, tra le due?

All'ottava domanda del nostro questionario, nello stesso ordine, i nostri professionisti hanno risposto così:

l'educatore del centro per anziani "San Pio e Madonna dell'Immacolata", ha risposto che nessuna delle due dimensioni prevale sull'altra, poiché sono sempre compresenti, e se vi è una equipe sana e collaborativa, queste due dimensioni si amalgamano.

L'infermiere dell'omonimo centro ci risponde che sono entrambe importanti e viaggiano di pari passo.

Gli infermieri del centro "Alzheimer +" di Taranto, Daniela Lelli e Cesare Natale, ci rispondono allo stesso modo, ovvero che sono importanti entrambe e l'una non deve escludere l'altra. Da qui, l'importanza di una perfetta sinergia tra le diverse figure professionali.

La responsabile del centro, dottoressa Signorile, ci risponde che sono importanti entrambe, una non può e non deve escludere l'altra, il paziente ha il diritto di essere curato a livello medico per la sua patologia organica ma ha altrettanto il diritto di essere supportato ed aiutato nella sua componente psichica – mente (pensieri, emozioni) e fisico non sono due unità separate – è quindi importante prendersi cura di entrambe perché la persona possa trarne benefici.

La dottoressa Rossana Putignano invece ci risponde che nella sua professione di psicologa- psicoterapeuta, il termine "educare" viene utilizzato quando non è possibile procedere con delle tecniche più profonde come quella della psicoanalisi. Anche con i pazienti affetti da demenza si procede con la *"psicoeducazione"*, cioè si educa il comportamento e lo spirito con cui affrontare le difficoltà giornaliere affinché rimanga il senso di padronanza e di autodeterminazione per quello che è possibile nei limiti imposti dalla malattia.

Il dottor Cataldo Spada, ci dice che sono dimensioni che si equivalgono, affrontando però in modo diverso l'universo del paziente affetto da Alzheimer.

L'OSA Lorena Amatuzzo, ci dice invece che nel caso di un paziente affetto da Alzheimer, il termine curare equivale proprio a rieducare lo stesso, a partire proprio dall'attività più semplice della vita quotidiana, come lavarsi il viso o pettinarsi.

1.9 Educare la famiglia

E' ovvio che un malato di Alzheimer non può essere educato o rieducato, considerata la complessità della patologia. In questo caso l'approccio pedagogico si rivolge alla famiglia. Che lei sia un medico, un infermiere, un OSS, OSA o educatore: quanto secondo lei, è importante educare la famiglia a gestire questo tipo di malattia?

Alla nona domanda del nostro questionario, nello stesso ordine, i professionisti hanno risposto così:

l'educatore del centro per anziani "San Pio e Madonna dell'Immacolata", ha risposto che il fattore famiglia è decisivo, tenendo in considerazione l'ubicazione attuale del paziente.

L'infermiere dell'omonimo centro ha risposto che educare la famiglia è un fattore molto importante per la gestione del paziente e della sua malattia.

Gli infermieri del centro "Alzheimer +"di Taranto, Cesare Natale e Daniela Lelli, hanno risposto che i familiari rappresentano l'ancora di salvezza per un malato affetto da demenza, ma nello stesso tempo, se non bene educati a dei comportamenti adeguati, potrebbero mettere in crisi entrambi.

La responsabile del centro, dottoressa Signorile, ha risposto che la famiglia rappresenta il principale supporto assistenziale per i malati affetti dalla demenza di tipo Alzheimer. All'interno della famiglia, dopo la diagnosi, si stabilisce un equilibrio che si evolve con la progressione della malattia ma che può essere messo in crisi da eventi gravi, quali l'aumento dei disturbi comportamentali, il peggioramento della salute del malato, la depressione.

È fondamentale, quindi, per sostenere la famiglia, formare adeguatamente i caregivers mediante i corsi di formazione, il sostegno psicologico ed il counseling, con l'obiettivo di ridurre in tal modo il carico psicologico ed assistenziale, sviluppando con essi una "alleanza terapeutica" che possa rendere concreta la migliore cura possibile per il malato, rappresentata dall'affetto dei famigliari stessi.

I bisogni sociali, sanitari, psicologici, d'informazione sui diritti, formativi ed anche economici delle famiglie sono le molteplici dimensioni del problema di cui il Centro si è fatto carico, creando una rete d'aiuto e ponendosi al servizio di questa rete per comprendere le esigenze e stimolare risposte concrete, coerenti con il drammatico evolvere della malattia.

La dottoressa Rossana Putignano, risponde che senza il coinvolgimento della famiglia non è possibile prendersi cura di nessun ammalato.

Il dottor Cataldo Spada, ci risponde che la famiglia oggi, rappresenta il principale supporto per un paziente con malattia di Alzheimer, prestando assistenza al proprio congiunto sette giorni su sette. L'impatto del demente sul caregiver, può portare ad uno "stress assistenziale". Educare quindi la famiglia, a gestire questo tipo di malattia, serve a migliorare la qualità della vita personale e del proprio caro.

L'OSA Lorena Amatuzzo, ci risponde che la famiglia ha un ruolo fondamentale nella gestione del paziente affetto da Alzheimer, ed essa stessa necessita di un'educazione adeguata sulla nuova realtà da affrontare. Innanzitutto la famiglia deve accettare la patologia e comprenderla, solo così si potrà provare a gestirla.

1.10 Utilizzo di farmaci sedativi

Il paziente affetto da demenza in alcuni casi manifesta comportamenti irrequieti o aggressivi. La medicina suggerisce l'utilizzo di sedativi o antipsicotici, ma tra i medici ci sono diverse correnti di pensiero: chi è per la sedazione e chi no. Lei cosa ne pensa? Quanto può essere utile?

Alla decima ed ultima domanda del nostro questionario, i nostri professionisti, nello stesso ordine, hanno risposto così:

l'educatore del centro di cura per anziani "San Pio e Madonna dell'Immacolata" di Corigliano Calabro, ha risposto che in alcuni casi la terapia sedativa può anche risultare utile, ma la sua somministrazione non deve diventare abitudinaria.

L'infermiere dell'omonimo centro risponde che in alcuni casi è necessario ricorrere ai sedativi, per il bene del paziente stesso che potrebbe incorrere in pericoli, e per il bene delle persone che lo circondano.

Gli infermieri del centro "Alzheimer +" di Taranto, Daniela Lelli e Cesare Natale, rispondono che in alcuni casi la terapia farmacologica diventa necessaria per chetarne l'agitazione e riportare l'equilibrio esageratamente perso, in modo tale da favorire un approccio più sereno e attento ai laboratori occupazionali che a loro volta contribuiscono a migliorare l'umore, l'attenzione e l'autostima.

La responsabile del centro, dottoressa Signorile, risponde che sicuramente l'approccio farmacologico in questi casi è molto importante poiché agisce direttamente sui neurotrasmettitori celebrali consentendo un riequilibrio, ma la sua formazione dà altrettanto importanza alla socializzazione di gruppo, a laboratori creativi ed a tecniche di rilassamento con l'ausilio della pittura e della musica o al training autogeno, situazioni queste che comunque non potrebbero essere effettuate in mancanza di una cura farmacologica

Considera quindi entrambe importanti ed una non esclude l'altra anzi se effettuate in sinergia possono avere importanti riscontri.

La dottoressa Rossana Putignano risponde che bisognerebbe valutare da caso a caso. La stessa riferisce di aver visto medici levare benzodiazepine perché nell'anziano possono peggiorare il quadro. Purtroppo, il farmaco è l'unico mezzo per poter regolare un po' il sonno e ridurre il livello di aggressività. Secondo la dottoressa Putignano la famiglia può decidere autonomamente se tollerare le urla la notte o stordire il proprio familiare, basta andare in visita.

Il dottor Cataldo Spada ci risponde che le manifestazioni cliniche della malattia di Alzheimer possono variare da soggetto a soggetto. Si può andare incontro al paziente tranquillo che necessita solo di supporto assistenziale, oppure il paziente agitato, e in quest'ultimo caso è opportuno, secondo il medico, ricorrere alla sedazione. La sedazione in questi casi diventa utile per salvaguardare l'incolumità del paziente ma anche quella delle persone che lo assistono.

L'OSA Lorena Amatuzzo ci risponde alla stessa maniera, ovvero sull'utilità della sedazione in casi in cui questa sia necessaria per la tutela del paziente e di chi lo circonda.

2. OPERATORI A CONFRONTO. I RISULTATI DELL'INDAGINE

Al termine di questo questionario abbiamo potuto constatare come gli operatori intervistati abbiano in un certo senso seguito una linea comune nelle risposte forniteci. La scelta di intervistare questi operatori ha portato l'indagine in diverse aree geografiche: l'educatore e l'infermiere del centro "San Pio e Madonna dell'Immacolata" di Corigliano Calabro, nel cosentino; gli infermieri Cesare Natale e Daniela Lelli del centro "Alzheimer +" di Taranto, insieme alla loro responsabile, psicologa Antonia Floriana Signorile; la dottoressa Rossana Putignano, psicologa e psicoterapeuta esperta in neuropsicologia e psicodiagnostica, di Bari; il dottor Cataldo Spada, geriatra, dirigente medico del reparto di geriatria dell'ospedale "San Giuseppe Moscati" di Taranto, e l'operatrice socio assistenziale Lorena Amatuzzo, della Residenza Sanitaria Assistenziale "San Raffaele" di Crispiano. Dalle diverse aree di indagine sono emersi aspetti comuni, ma anche pareri discordanti. La dimensione che a noi interessa ai fini del nostro lavoro, è quella che ruota intorno ai due modelli "curing" e "caring" che secondo i professionisti che hanno offerto il loro contributo, sono due aspetti che devono necessariamente viaggiare di pari passo. Questo ovviamente è un punto di vista di operatori che lavorano giorno dopo giorno a contatto con pazienti affetti da demenza di Alzheimer in centri specializzati per questa patologia, diversamente invece dal parere di medici che lavorano in strutture pubbliche come gli ospedali. In questi ultimi ad esempio, è molto più facile che un medico chieda al famigliare di utilizzare fasce di contenzione per il paziente ricoverato, il quale, a causa della patologia è irrequieto e rischia di staccarsi le flebo, ad esempio. Così come è molto più frequente, sempre negli ospedali, reparti di geriatria ad esempio, che al paziente siano somministrate frequentemente dosi di sedativo come la quetiapina per inibire l'irrequietezza e facilitare il sonno. Medicinali questi, che a lungo andare, soprattutto nel soggetto anziano che non ha più a livello organico la capacità di smaltirli, provocano danni irreversibili, come anche l'inibizione delle funzioni motorie.

Cosa importante dunque, è avere delle strutture specializzate con una equipe composta da medici, psicologi, operatori sanitari ed educatori, che in sinergia, si occupino di questa tipologia di malato, sia dal punto di vista clinico che dal punto di vista psicologico, fattore quest'ultimo da non sottovalutare in una persona, che seppur affetta da demenza, è alla continua ricerca del proprio equilibrio spazio – temporale.

Oltre alle strutture idonee e con personale qualificato, l'importanza risiede tutta nella formazione ed educazione della famiglia e del caregiver, supporto importantissimo e vero punto di riferimento del paziente affetto da demenza di Alzheimer. Il nostro territorio purtroppo, non è un territorio preparato ad affrontare strutturalmente questo tipo di patologia, nonostante l'incidenza di demenze sia in costante aumento in Taranto e provincia.

Non vi è una adeguata formazione, e non esiste un modello che possa aiutare i vari operatori del settore ad interagire insieme per la tutela e la cura del ricordo del malato di Alzheimer. L'obiettivo di questo lavoro, che affronteremo nel prossimo e ultimo capitolo, è proprio quello di proporre una metodologia nuova, un approccio comunicativo e pedagogico con il paziente affetto da demenza di Alzheimer, sulla scorta anche dei preziosi consigli forniti dai professionisti che hanno di buon grado accettato di essere sottoposti al questionario. Lo scopo è quello di capire come cambia la comunicazione nella persona affetta da demenza di Alzheimer, e come approcciarsi ad essa in maniera adeguata, cercando - come abbiamo visto nel corso dell'intervista - di rivolgerci all' "io sano" del paziente. E considerato che questo "io sano" vive nei ricordi del malato di Alzheimer, quei ricordi che non cancella, come il suo nome, il nome di una persona cara, o aneddoti della sua infanzia, cercheremo di capire – come cita il titolo del presente lavoro – come coltivare il suo ricordo.

Capitolo III

COLTIVARE IL RICORDO. APPROCCI EDUCATIVI CON IL PAZIENTE AFFETTO DA ALZHEIMER

1. La malattia di Alzheimer

La malattia o morbo di Alzheimer è una patologia degenerativa che interessa il sistema nervoso centrale. Appare solitamente in età senile e comporta perdita della memoria, disorientamento, sbalzi d'umore e nella maggior parte dei casi anche depressione. Il malato di Alzheimer inizia a manifestare i primi sintomi di questa patologia con alcune dimenticanze: non riesce infatti a ricordare avvenimenti recenti, e molto spesso tale condizione viene erroneamente attribuita all'avanzare dell'età. A livello organico pare che la malattia generi alcune placche amilodi nel cervello, delle quali ancora non è conosciuta la causa. A tutt'oggi infatti, nonostante l'aumento dell'incidenza della malattia sia nel sesso maschile che in quello femminile, non ne sono conosciute le cause, ma è stata dimostrata una correlazione genetica. Ad oggi non esiste neanche una cura per la patologia, ma solo alcuni farmaci che sarebbero in grade di rallentarne la progressione. Dalla diagnosi della malattia le aspettative di vita variano dai 3 ai 9 anni.

Si inizia a parlare di demenza di Alzheimer nel 1901. La malattia prende il nome dallo psichiatra tedesco Alois Alzheimer, che in quegli anni ebbe a che fare con la prima paziente alla quale diagnosticò questa malattia. La donna in questione, sottoposta ad alcune domande non riusciva a ricordare a sufficienza da fornire al medico le dovute risposte.

La patologia è classificata tra le demenze e prevede un processo degenerativo cronico di deterioramento cognitivo, che man mano rende chi ne è affetto non più autosufficiente compromettendo anche le funzioni motorie, provocando infine la morte. La malattia è diagnosticata solitamente in soggetti di età superiore ai 65 anni, si suddivide in 4 fasi.

La fase di pre -demenza: in questa fase il paziente ha lievi problemi spesso attribuibili allo stress o all'invecchiamento. Piccole dimenticanze, difficoltà nella concentrazione, e difficoltà nel pronunciare frasi di senso compiuto (viene compromessa la memoria semantica – parole legate al proprio significato);

la fase iniziale: in questa fase il vocabolario del paziente affetto da tale patologia si impoverisce. C'è infatti una notevole difficoltà nel linguaggio e nella pronuncia di frasi di senso compiuto, e le difficoltà emergono anche per quanto riguarda le normali azioni di vita quotidiana. Il paziente ad esempio, dimentica di lavarsi.

La fase intermedia: durante questa fase il malato non riconosce più il significato delle parole ed inizia ad usarne a caso per esprimere i propri concetti. Emergono difficoltà ad addormentarsi con alterazioni del sonno veglia; difficoltà nella deglutizione, e molto spesso insorge anche una componente rabbiosa e aggressiva nei confronti del parente che si prende cura di lui. Il paziente si sente incompreso, privato di qualcosa e punito. Ad esempio dimentica subito dopo pranzo di aver mangiato, e pensa che chi ne ha cura non voglia offrirgli il pasto.

La fase finale: questa è forse la fase più cruenta di questa malattia. Il paziente non è assolutamente autosufficiente ed è allettato, dipende completamente dal parente che se ne prende cura. In questa fase anche alimentarlo diventa problematico in quanto il paziente non riesce più a deglutire e rischia il soffocamento. Infatti negli stadi finali della malattia i pazienti vengono alimentati con cibo liquido, e nei casi più gravi con flebo o sondino. Dopo questa fase sopraggiunge la morte, che non avviene a causa dell'Alzheimer. E' errato affermare che si muore di Alzheimer, poiché la morte in realtà sopraggiunge per fattori esterni provocati dalla malattia, come infezioni, bronchiti, polmoniti, o arresto cardio circolatorio.

1.2 *Il comportamento del malato di Alzheimer. Come si arriva alla diagnosi*

Diagnosticare la malattia di Alzheimer non è per nulla facile. Come abbiamo detto, molto spesso i primi sintomi, sono erroneamente confusi con lo stress o con l'invecchiamento. Secondo la mia esperienza personale, sulla quale è stata basata la stesura del seguente lavoro, i comportamenti che portano a capire che si tratta di malattia di Alzheimer sono inconfondibili. Nella sfortuna di aver vissuto un'esperienza con un soggetto giovane, deceduto a soli 65 anni, e con un soggetto più anziano deceduto ad 87 anni, è stato possibile notare come, nonostante una differenza di età di quasi vent'anni, i sintomi iniziali della malattia siano stati gli stessi.

Il paziente affetto da malattia di Alzheimer, inizia ad assumere comportamenti che il famigliare percepisce come strani o addirittura "irrispettosi". Inizia a mangiare molto velocemente anche cibi piuttosto bollenti, perdendo il "decoro" dello stare a tavola. Trascura la propria igiene personale non avendo più cura di se stesso, e indossando molto spesso più capi di abbigliamento contemporaneamente.

Un altro campanello d'allarme è l'atteggiamento compulsivo di recarsi spesso in bagno, espletando solitamente i bisogni sul pavimento, fino a diventare incontinente.

Questi sono atteggiamenti che molto spesso portano il parente ad arrabbiarsi con il malato, e il malato vive il tutto con enorme frustrazione convinto di non aver fatto nulla di male. Infatti, il paziente affetto da malattia di Alzheimer non comprende il rimprovero, in quanto semplicemente non ricorda più quanto accaduto. Si sente punito, privato, incompreso e molto spesso tende ad isolarsi cadendo in depressione.

Un altro atteggiamento tipico del paziente affetto da malattia di Alzheimer, è quello di fare lunghissime passeggiate. Sono capaci di percorrere chilometri e chilometri senza fermarsi mai. Volendo approfondire questo fenomeno, con l'esperienza in casa di un anziano affetto da malattia di Alzheimer, ho appreso che questo fenomeno comune a tutti gli ammalati, è noto come "wondering". Loro camminano incessantemente alla ricerca della loro casa natia, dove hanno vissuto la propria infanzia, e solitamente questo è per loro un ricordo sempre vivo riconducibile alla figura materna. Io ho vissuto sulla mia pelle l'esperienza di mio nonno, colpito da una forma di Alzheimer che ha avuto una progressione abbastanza veloce. È morto nel giro di pochi mesi. Nonostante il suo deterioramento cognitivo evidente e molto avanzato, lui non ha mai dimenticato l'indirizzo della sua casa e il nome di sua madre. La parola mamma, insieme al nome di sua moglie, mancata 13 anni prima, sono state le cose che nonostante la brutalità di questa malattia, lui non ha mai dimenticato. Era infatti la parola "mamma" che lui utilizzava costantemente ogni qualvolta temeva per la sua incolumità e si sentiva in pericolo. Il classico atteggiamento che durante l'infanzia ci porta a chiedere aiuto e protezione dalle avversità. Infatti, nonostante si dica che la memoria a lungo termine venga compromessa nello stadio finale della malattia, dalla mia esperienza, posso affermare che così non è stato. Il ricordo di quanto vissuto da mio nonno durante l'infanzia, i suoi fratelli, i nomi dei suoi fratelli, sono sempre rimasti impressi nella sua mente.

Purtroppo, ciò che viene seriamente compromesso nella persona affetta da demenza di Alzheimer, è la cognizione di ciò che è stato nel tempo. Matura con il tempo una certa diffidenza nei confronti di chi lo circonda, e molto spesso il malato assume atteggiamenti strani, come tentare la fuga, avendo l'accortezza che il caregiver non se ne accorga: ad esempio mio nonno, per tentare la fuga, mascherava il rumore della maniglia della porta con dei finti colpi di tosse. O ancora, il fare pipì per terra o fuori in balcone. Tutti atteggiamenti questi, che portano inevitabilmente ed erroneamente – sottolineo erroneamente – il caregiver ad assumere un atteggiamento duro con il paziente costringendolo a stare seduto e fermo.

Un atteggiamento del genere, ho capito nel corso della mia terribile esperienza, priva la persona della propria vita e delle proprie abitudini.

Quando abbiamo iniziato a capire che gli atteggiamenti di mio nonno erano evidentemente da imputare a qualche forma di patologia neurologica, ci siamo rivolti ad uno specialista, che attraverso una serie di esami clinici specifici, screening e test cognitivi è arrivato alla diagnosi di Alzheimer.

La prima cosa che ci siamo sentiti di fare dinanzi a questa diagnosi, è stato portare mio nonno presso la nostra casa, perché non era più il caso che vivesse da solo, e questo – lo spiegherò in seguito nella mia proposta di approccio educativo – è stato il primo grande errore.

Quando l'Alzheimer bussa alla tua vita, decide che questa deve essere messa da parte per prepararsi al peggio. E per peggio si intende una tranquillità che non esiste più, urla a qualsiasi ora del giorno e della notte, e veder morire giorno dopo giorno un tuo caro senza che tu possa fare nulla. E ragionando a posteriori, posso assicurare che quest'ultima fase è quella più logorante di tutte dal punto di vista fisico ma soprattutto psicologico. Sentirsi impotente difronte alla sofferenza di una persona che ami, e capire troppo tardi come avresti dovuto comportarti. Questo perché il nostro territorio non offre il giusto supporto e la giusta formazione ai caregiver che un giorno, senza saperlo, si trovano a fare i conti con la bestialità di questa malattia.

Quando in una casa entra l'Alzheimer, l'ammalato non è solo uno. Ma tutta la famiglia.

1.3 Come cambia la comunicazione educativa nella persona affetta da demenza di Alzheimer

È oramai dato scientifico consolidato che la comunicazione nella persona affetta da demenza di Alzheimer, risenta di alcuni disturbi, tant'è che proprio questo fattore, oggi, rientra tra i criteri diagnostici della patologia. Questo si configura come un grande problema tra la persona ammalata e il caregiver, in quanto l'uno non riesce ad esprimersi e l'altro non riesce a capirlo. La comunicazione verbale dunque, è seriamente compromessa con il progredire della malattia, e molto spesso gli immensi giri di parole della persona ammalata per esprimere un concetto, potrebbero irritare il famigliare ancora inconsapevole della malattia.

Il malato di Alzheimer, quando inizia ad avvertire disturbi del linguaggio, nella comunicazione verbale inizia a sostituire termini, nomi di cose, persone o oggetti di uso quotidiano, con termini generici, rendendo incomprensibile quanto sta cercando di esprimere. Ad esempio, la semplice frase

"Voglio il fiore che si trova nel vaso", diventa "voglio il coso che si trova nel coso". La comunicazione, le parole, nel malato di Alzheimer diventano scarne e generiche. La cosa in sé, non ha più un nome specifico, ma resta generica, appunto "cosa".

Essendo la comunicazione, il linguaggio, un'abilità cognitiva, purtroppo anche questa non può sottrarsi alla bestialità della malattia di Alzheimer.

A lungo andare, durante il decorso della malattia, la comunicazione sarà ulteriormente danneggiata. Il paziente non sarà più in grado di formulare frasi di senso compiuto, tornando ad una sorta di lallazione, modo di comunicare proprio degli infanti dai sei ai dodici mesi di vita.

È proprio a questo punto che la comunicazione non verbale gioca un ruolo fondamentale, ed è proprio su questo aspetto che baseremo la nostra proposta educativa nel prossimo paragrafo, volta alla comunicazione con il paziente affetto da demenza di Alzheimer, e agli approcci educativi per coltivare il suo ricordo.

2. Relazione con il paziente affetto da demenza Alzheimer

2.1 Criticità

Approcciarsi ad un paziente affetto da malattia di Alzheimer, significa in un certo senso fare propria la sua dimensione spazio temporale; significa affrontare la sua quotidianità con i suoi occhi: guardare il mondo con gli occhi del malato. Parlo sulla base di un'esperienza personale che ho citato nei paragrafi precedenti, e che ha maturato in chi scrive la consapevolezza che ad oggi l'unico modo per affrontare al meglio la patologia, sia quella di rieducare il paziente a prendere in mano la propria vita, partendo proprio dai suoi ricordi, dalle sue abitudini. Ma di questo, e della proposta educativa su come approcciarsi con il paziente affetto da Alzheimer, parleremo nel successivo e ultimo paragrafo del seguente lavoro.

È doveroso riprendere un passaggio trattato nel capitolo precedente, ovvero una risposta fornitaci da uno dei professionisti intervistati, il dottor Cataldo Spada, dirigente medico del reparto di geriatria dell'ospedale "San Giuseppe Moscati" di Taranto. Il dottor Spada alla nostra domanda "quali sono gli approcci con il paziente affetto da demenza di Alzheimer", ha risposto che all'aspetto sanitario bisogna associare quello psicologico, sociale ed educativo. Concetto ripreso successivamente nell'ultima domanda, alla quale ha risposto che il processo di rievocazione della memoria è alla base della cura educativa. Il paziente dunque, va rieducato a vivere la propria vita, partendo dalle azioni basilari, come aver cura di se stesso. Qui entra in gioco pienamente quanto abbiamo affrontato nel primo capitolo del presente lavoro, ovvero il concetto di cura, la pedagogia della cura: educare l'uomo ad aver cura di se, come una madre insegna al proprio piccolo, giorno dopo giorno, nelle fasi della vita a prendersi cura del proprio corpo e della propria persona.

Gli aspetti dunque, di un modello educativo nuovo, ruotano tutti intorno al concetto di educazione: educare il paziente, educare la famiglia e il caregiver a coltivare il ricordo. Solo in questo modo, si potrà riuscire a lenire per quanto e fino quando possibile, gli aspetti atroci di questa malattia, preservando l'io sano del paziente. E l'io sano del paziente, la sua percezione del ricordo, la sua percezione delle emozioni, sono le ultime a morire. Sono fattori questi, che cessano di vivere con il paziente. È errato infatti pensare che il paziente affetto da demenza di Alzheimer sia incapace di comprendere, di provare emozioni. Lui attraverso la mimica facciale, attraverso i toni, lo sguardo, i nostri movimenti, riesce a percepire le emozioni e lo stato d'animo.

Un nuovo modello educativo dunque, deve mirare a coltivare il ricordo del malato, iniziando dall'educare la famiglia e chi se ne prende cura.

3. Per un nuovo modello di relazione di cura

Siamo giunti alla conclusione del nostro lavoro, e in questo paragrafo finale proporremo il nostro modello educativo finalizzato alla coltivazione del ricordo di un paziente affetto da demenza di Alzheimer.

Tenuto conto di cosa sia la demenza di Alzheimer, e di cosa essa comporti nel paziente e in chi lo circonda, la nostra proposta è quella di partire ad approcciarsi ad esso, considerando il suo io sano, ovvero i ricordi che ancora vivono in lui, preservandoli, e preservando con essi la dimensione spazio temporale in cui lo stesso paziente li rievoca.

Partiamo da un esempio che ci servirà a spiegare quanto vogliamo proporre. Daniela Lelli, infermiera del centro "Alzheimer +" ha avuto un'esperienza ventennale come capo sala in un centro a Milano che si occupava di pazienti affetti da Alzheimer. Daniela ci ha raccontato l'episodio di due pazienti che nella struttura erano soliti l'uno, ad affacciarsi ogni mattina alla stessa ora, nella stanza di un'altra paziente. L'uomo in questione si limitava semplicemente ad aprire la porta, guardare la signora e poi andare via senza fare o dire nulla. L'altra paziente invece, era solita entrare nella stanza degli infermieri e frugare nella prima borsa disponibile in cerca di un mazzo di chiavi. Entrambi questi pazienti erano costantemente richiamati dagli infermieri, e quando veniva loro impedito di compiere queste azioni innocue, questi reagivano male, sentendosi privati di qualcosa di troppo grande per loro. Daniela Lelli, all'epoca dei fatti capo sala, ha fatto presente ai parenti dei rispettivi pazienti questi atteggiamenti e ha scoperto dai loro racconti, che il primo, solito a spiare ogni mattina nella stanza della donna, si comportava in questo modo perché in passato, ogni mattina, prima di andare a lavoro era solito affacciarsi in stanza da letto e guardare la moglie dormire; la seconda paziente invece, quella che frugava nelle borse in cerca delle chiavi, è emerso dai racconti dei figli che si comportava in tal modo perché in passato era sua abitudine conservare le chiavi di casa in borsa, e riprenderle subito una volta tornata a casa per non perderle.

Ovviamente, in entrambi i casi, variava il contesto: entrambi i pazienti non guardavano l'uno la propria moglie, e l'altra non prendeva le proprie chiavi, ma ciò che fa riflettere è come i gesti siano rimasti immutati, l'abitudine appunto. Il senso della vita in un malato di Alzheimer, risiede proprio in quelle azioni che hanno caratterizzato da sempre la sua vita, e che lui non dimenticherà mai. Queste abitudini, questi ricordi appunto, tengono vivo quell'io sano che può aiutare il caregiver a comprenderli e ad aiutarli. È importante dunque educare il caregiver a coltivare il ricordo del malato di Alzheimer. E come si fa a coltivare il ricordo? Il ricordo si coltiva non impedendo al paziente di compiere tali azioni. La dimostrazione dell'efficacia di quanto affermiamo, sta proprio nella testimonianza dell'infermiera Daniela Lelli: ogni qualvolta i suoi colleghi infermieri vietavano a detti pazienti di compiere questi gesti, loro si chiudevano in se stessi o manifestavano atteggiamenti aggressivi. Da qui l'idea di provare a gestirli, lasciandoli fare. Era la stessa Daniela ogni mattina, a lasciare l'uomo spiare nella stanza della donna, mentre per l'altra paziente, lasciava di proposito nella stanza degli infermieri una borsa con un mazzo di chiavi, affinché lei potesse prenderle e sentirsi tranquilla. Questo modo di fare evitava nei due pazienti sconforto e reazioni aggressive.

Un altro fattore che fa riflettere è come questi due pazienti facessero queste cose, nella maniera più simile in assoluto a quella che era in realtà la vera azione. L'uomo apriva la porta della stanza che più gli ricordava quella che era la sua stanza da letto, e la donna frugava nelle borse aperte cercando non una chiave, bensì un mazzo, come era solita fare ogni giorno in passato.

Ho potuto riscontrare la veridicità e la fondatezza di quanto raccontato dall'infermiera Daniela Lelli, con l'esperienza di mio nonno. Era sua abitudine infatti, tenere sempre il porta monete con sé. Ultimamente non riconosceva più il denaro, e il suo valore, ma non ne aveva dimenticato lo scopo e l'importanza. Quando la malattia aveva raggiunto il suo apice massimo, non era il caso che lui conservasse denaro nel portamonete. Non capiva se valesse di più una banconota da cinque euro rispetto ad una di venti euro, ma per lui era fondamentale avere nel suo portamonete del denaro. Per evitare che si agitasse, perché la sua è stata una forma di malattia che ha deviato tantissimo il suo comportamento, gli abbiamo dato dei pezzi di carta dicendogli che erano soldi. Pur non avendo compreso che si trattava di semplici ritagli, lui come era solito fare ha suddiviso quei finti soldi, conservandone una parte per le spese quotidiane, e occultandone un'altra parte in una tasca interna. Quel semplice gesto di donargli della carta, dicendogli che erano i soldi che aveva chiesto, lo hanno reso in un certo senso tranquillo e hanno evitato una sua crisi nervosa.

Sempre sulla scorta di quanto raccontato dall'infermiera Daniela Lelli, durante l'intervista per l'indagine che mi ha permesso di realizzare questo lavoro, è emerso un altro fattore importante per approcciarsi in maniera efficace con un malato di Alzheimer: il fattore ambientale. L'ambiente di un malato di Alzheimer deve restare quanto più possibile simile a quello in cui lui ha trascorso la maggior parte della propria vita. Sempre in base alla mia esperienza personale, nel capitolo precedente, ho parlato di errore quando abbiamo deciso di portare mio nonno in casa nostra. La malattia non gli permetteva più di riconoscere la nostra casa, e il suo malumore e le sue manifestazioni aggressive erano causate dal fatto che noi non gli permettessimo di farlo tornare in casa sua. Lui fino all'ultimo giorno della sua vita non ha mai dimenticato Via Roma 29, l'indirizzo della sua casa. La sua richiesta, ripetuta insistentemente per tutto l'arco della giornata, era quella di tornare a casa sua. Tornato a casa sua, manifestava tranquillità.

Un altro fattore ancora era quello della confusione. Si sa, un malato di Alzheimer perde le sue funzioni cognitive, e non riesce a compiere più azioni contemporaneamente. Non riesce a comprendere che gli stai parlando mentre mangia, o mentre beve, deve fare una cosa per volta e riesce a parlare solo con una persona per volta. Molto spesso, se capitava che in più parlassimo con mio nonno, lui ci chiedeva di stare in silenzio perché non voleva sentir parlare. In un paziente affetto da demenza di Alzheimer, oltre alla perdita della memoria c'è anche una riduzione del campo visivo ed uditivo, pertanto è importante parlare con lui in un ambiente molto illuminato ed usare la gestualità per trasmettergli sicurezza, ma soprattutto amore. Potrà sembrare strano o pura retorica, ma l'ultima cosa a sparire in un paziente affetto da Alzheimer, è la percezione dell'amore.

Nel momento in cui la malattia raggiunge il suo apice, e le funzioni motorie e linguistiche sono seriamente compromesse, la comunicazione non verbale assume un significato importantissimo. Il nostro tono di voce, la nostra mimica facciale, riescono a comunicare con il malato. Il paziente avverte se siamo arrabbiati, se siamo tristi o felici, anche se non ne comprende il motivo. Il nostro stato d'animo influenza il suo. Per questo motivo è sbagliatissimo parlare della sua condizione patologica in sua presenza, convinti del fatto che lui non capisca.

Dunque, comunicazione non verbale: perdendo la capacità del linguaggio il malato sarà quasi dipendente dalla gestualità, per questo motivo è importante il contatto con lui. Una carezza, un sorriso, una stretta di mano, indicano la nostra vicinanza al malato.

Empatia: bisogna immedesimarsi nella condizione del malato, fare nostra la sua dimensione spazio temporale, e aiutarlo a ripercorrere quelle che sono state da sempre le sue abitudini, senza negargli – laddove possibile – di compiere questi piccoli gesti che lo fanno sentire ancora utile. E' sbagliato negare ad un paziente affetto da Alzheimer di muoversi, costringendolo a stare seduto, e rimproverandolo ogni qualvolta provi a fare qualcosa che al caregiver o parente sembri assurda, ma che in realtà per lui ha un'importanza grande una vita.

La somma di questi due elementi dovrebbe quindi, portare ad un nuovo approccio educativo dove curing e caring smettano di essere due dimensioni differenti, fondendo la loro coesistenza in un'unica dimensione chiamata "care", dunque cura. Il nostro territorio in particolare e tutti quelli che ancora non sono preparati nella gestione di pazienti affetti da demenza di Alzheimer, dovrebbero dare vita ad una scuola in cui si miri alla formazione di una equipe composta da operatori del settore come educatori, medici, infermieri, OSS, OSA e psicologi che insieme alle famiglie, aiutino il paziente affetto da Alzheimer ad essere rieducato ad aver cura di sé stesso, senza cadere nell'errore di paragonare il malato di Alzheimer ad un bambino, perché dobbiamo ricordare che una persona affetta da Alzheimer, è comunque una persona adulta che ha vissuto la propria vita costruendo qualcosa.

Si può dunque, volgere ad un nuovo modello educativo formando le famiglie affinché siano pronte e capaci a gestire la malattia del loro congiunto, aiutando lo stesso con il supporto dell'equipe del "care" a coltivare il suo ricordo, ovvero a mantenere vive le piccole azioni della vita quotidiana che li hanno caratterizzati da sempre. E in questo caso il ruolo della famiglia è importantissimo poiché il malato, diversamente da condizioni che necessitino del ricovero ospedaliero, ha bisogno di essere assistito dalla propria famiglia in un ambiente quanto più simile alla sua casa, o proprio nella sua casa, con il supporto di figure professionali infermieristico assistenziali.

Permettere al paziente di compiere le sue azioni abituali, gli renderà la vita migliore, lo renderà tranquillo e pronto anche ad affrontare con fiducia e serenità un eventuale percorso terapeutico, volto a migliorare la qualità della sua vita e di chi lo circonda. In tutto questo giocano un ruolo base l'empatia e l'amore, soprattutto nella fase terminale della malattia, in cui il paziente che non riesce più ad esprimersi a parole, si aggrappa ad un sorriso e ad una stretta di mano per non sentirsi abbandonato. Come abbiamo detto la percezione dell'amore è l'ultima a morire, soprattutto l'amore che un famigliare può donare al proprio caro. Perché l'amore verso un marito, moglie, padre, madre, nonno o nonna, è l'ultimo a morire. Anche quando si ha l'Alzheimer.

Conclusioni

Siamo giunti alla conclusione di questo lavoro. La scelta di presentare una tesi sperimentale non è stata per nulla facile, ed è stato molto impegnativo spingersi soprattutto fuori regione, dove questa malattia è forse meglio conosciuta e vede la presenza di strutture idonee alla sua gestione. Parliamo di gestione e non di cura, perché a tutt'oggi non esiste una cura per la malattia di Alzheimer.

Le demenze sono in costante aumento in Taranto e provincia, ma non esiste purtroppo un'adeguata formazione in merito che aiuti gli operatori e la famiglia a gestire un caso del genere, e molto spesso si è costretti a ricoverare i propri cari presso strutture come le RSA, o le RSSA, in cui il paziente viene semplicemente accompagnato alla fine dei suoi giorni, con somministrazioni periodiche di medicinali, quasi una sorta di accanimento terapeutico.

Non avrei mai pensato di concludere il mio percorso universitario parlando di Alzheimer. Non lo avrei mai pensato, poiché speravo che il motore ispiratore di questo lavoro, mio nonno, avesse potuto assistere al mio primo grande traguardo della vita: la laurea. Purtroppo così non è stato, e la mia esperienza con la sua malattia, mi ha portato a diffondere un verbo del quale molto prima ignoravo l'importanza: l'educazione della famiglia e del caregiver, che mi vedono impegnata con estrema umiltà, sulla base della mia personale esperienza, come volontaria presso un centro Alzheimer, un piccolo paradiso che aiuta le famiglie di questi pazienti ad accettare la brutalità di questa malattia, e che aiuta i pazienti stessi a sentirsi ancora utili, vivi, evitando il dramma delle RSA e delle RSSA.

Parlo di dramma perché mio nonno, lo scorso gennaio, dopo un mese di ricovero in geriatria a seguito di un malore, è entrato con le sue gambe in una RSA. A casa non poteva essere gestito perché per noi l'impatto con la malattia è stato atroce: abbiamo capito troppo tardi come comportarci con lui, quando oramai lo stress assistenziale di cui parlava il dottor Cataldo Spada, aveva preso il sopravvento. Ciononostante non abbiamo mai smesso di stargli accanto fino all'ultimo momento, ma avevamo bisogno di questa struttura poiché nessuno era in grado di dirci come comportarci. E in questa storia c'è chi ha perso dignità,   che noi abbiamo cercato di preservare fino all'ultimo, trovandoci anche a dover combattere con l'ignoranza di chi derideva una persona ammalata; c'è chi ha perso anni scolastici; chi ha perso il lavoro; e chi avrebbe dovuto laurearsi in corso, magari senza parlare di Alzheimer.

Da qui, è dunque maturata l'idea di proporre, raccogliendo spunti degli addetti ai lavori, un modello educativo nuovo che potesse racchiuderli tutti. Un modello educativo che possa essere alla base di una nuova formazione per le famiglie e per chi presta assistenza, senza dover vedere perire il proprio caro giorno dopo in una struttura. Un modello educativo nuovo che aiuti tutte quelle famiglie a gestire una situazione simile senza affidarsi ad una RSA, dove nonostante la professionalità e umanità del personale sia elevata, considerato il numero di pazienti e le loro esigenze, non si può fare a meno di somministrare sedativi che somministrazione dopo somministrazione, non debellano di certo il male, ma la persona stessa. Mio nonno è entrato in struttura con le sue gambe, e già due giorni dopo non camminava più, perché l'azione sedativa per tenerlo tranquillo era forte, e lui era troppo anziano per smaltirla normalmente. Perché in struttura non c'era solo lui, i pazienti erano molti, e il personale doveva badare a tutti, quindi la via della sedazione era l'unica alternativa, e noi famigliari, seppur tentati, non potevamo portarlo via da lì, perché non eravamo in grado di dargli l'assistenza necessaria a livello pratico, e sottolineo a livello pratico, perché la mano di mio nonno non l'abbiamo mai lasciata, così come non abbiamo mai smesso di inumidirgli le labbra o accarezzargli la fronte.

Più tardi, accettando la malattia, quando oramai il suo corpo era devastato, ascoltando pareri, facendo ricerche, immergendomi nello studio di una dimensione che prima di allora non mi era appartenuta, ho compreso che aiutare il paziente impegnandolo in attività ludico ricreative, e facendogli ripercorrere i suoi ricordi, di certo non guarisce la malattia, ma aiuta ad affrontarla meglio: sia per il paziente che per i suoi congiunti.

Il primo passo per riuscirci è proprio accettare la malattia. E l'educazione e la formazione sono il perno centrale per raggiungere questo obiettivo. Educare le famiglie ad aver cura   del malato, affinché egli possa tornare ad aver cura di sé stesso.

Io mi ero promessa di trasformare il mio dolore in forza per gli altri. Spero con questo lavoro, di esserci riuscita.

Ringraziamenti

Si ringrazia per aver contribuito a questo lavoro l'educatore e l'infermiere del centro "San Pio e Madonna dell'Immacolata" di Corigliano Calabro, provincia di Cosenza, gli infermieri Cesare Natale e Daniela Lelli del centro "Alzheimer +" di Taranto, insieme alla loro responsabile, psicologa Antonia Floriana Signorile; la dottoressa Rossana Putignano, psicologa e psicoterapeuta esperta in neuropsicologia e psicodiagnostica, di Bari; il dottor Cataldo Spada, geriatra, dirigente medico del reparto di geriatria dell'ospedale "San Giuseppe Moscati" di Taranto, e l'operatrice socio assistenziale Lorena Amatuzzo, della Residenza Sanitaria Assistenziale "San Raffaele" di Crispiano.

Si ringrazia altresì, il mio docente nonché relatore, professor Riccardo Pagano e i suoi assistenti, per avermi affiancata e per aver creduto in questo lavoro.

Ti riporto a casa

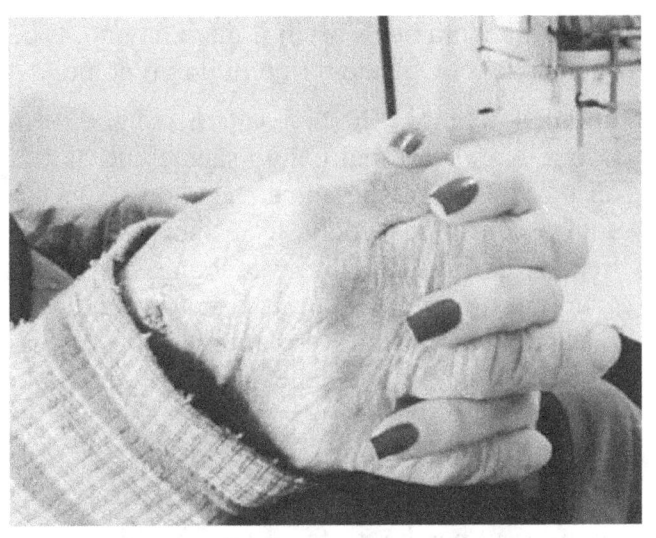

Ciao nonno.

- Ciao, sei arrivata.

- Si. Hai visto? Mi hai riconosciuta?

- E si che t'ho riconosciuta. Tu sei Elena.

- Si, nonno. Cosa mi racconti?

- Che devo raccontarti. Dopo scendiamo di qua, e andiamo da quella parte sul lungomare.

- Sul lungomare? A fare che? Una passeggiata?

- No, andiamo a guardare il mare.

Ce l'hai ancora negli occhi il mare, nonno. E ce l'ho anche io. Quando ti ricordi il mio nome.

Era il 4 febbraio 2016. Esattamente un mese prima. Non avrei mai potuto sapere che da lì a un mese, lui sarebbe andato via con i suoi 87 anni e con la sua voglia, così inaspettata quel freddo giorno di inizio febbraio, di voler guardare il mare. Ma questa storia inizia da più lontano. O forse un vero inizio non ce l'ha, perché la vita, in una delle sue pazze giravolte, un giorno decide che qualcosa deve cambiare, e quel qualcosa ti cambierà per sempre.

L'Alzheimer è un nemico complesso. È complesso perché ti fa arrabbiare, disperare, pensare le cose peggiori, e solo alla fine ti dice che ha bisogno d'aiuto. Così è stato con mio nonno Innocenzo.

"Ti porto a casa" non è un romanzo. Non è una

storia d'amore. È un racconto di mesi che son

sembrati interi anni. È la storia di come una

intera famiglia cambia quando un giorno

l'Alzheimer decide di bussare alla porta di casa

tua. Di come la società, spesso, soprattutto nei piccoli paesi, sia – volutamente o non – cieca dinanzi alle difficoltà del prossimo.

Come dicevo, questa storia ha inizio da più lontano, e voglio iniziare a raccontarvela con una lettera che scrissi sul mio blog il 16 settembre 2015. Ma andiamo ancora un po' più indietro, nel mese di agosto 2015. Un mese prima della mia lettera.

Faceva ancora caldo, e nonno come era solito fare, uscì per la sua passeggiata pomeridiana, che terminava, prima di rincasare, con una sosta su di una panchina in piazza. La piazza nei periodi caldi è piena di anziani che trascorrono il loro tempo nei circoli ricreativi a giocare a carte o scambiare quattro chiacchiere.

Non eravamo ancora al corrente della crudeltà di questa malattia, i medici – i tanti consultati – ci avevano parlato di un inizio di demenza senile dovuto comunque sia all'età avanzata.

Nonno era seduto su di una panchina, accanto a lui altre tre persone anziane. Io ero di passaggio da quelle parti quando mi accorgo che nonno si era addormentato e gli erano cascati per terra gli occhiali. I tre anziani accanto a lui si "gustavano" la scena schernendo mio nonno, e i passanti guardavano divertiti quell'uomo anziano addormentato e i suoi occhiali per terra. Disgustata da tanta cattiveria, ho richiamato mio nonno, ho raccolto i suoi occhiali restituendoglieli. Lui, all'epoca ancora lucido, si è reso conto di essersi addormentato, e con un profondo senso di umiliazione si è alzato da quella panchina e si è recato a casa sua.

Nonno era vedovo da 13 anni. Dopo la morte di nonna Elena, essendo mio padre (suo figlio) figlio unico, ed essendo noi la sua famiglia, non lo abbiamo mai lasciato solo. Voleva vivere a casa sua, la casa di sempre, continuare a coltivare la campagna, ma gradiva il pranzo in compagnia, dunque, ogni santo giorno, era parte integrante alla nostra tavola. Nonno era a tutti gli effetti, il sesto membro della nostra felice famiglia. Un punto di riferimento, un'altra persona con la quale confrontarsi e a cui chiedere opinioni. Il saggio, il papà attento, il nonno premuroso. A partire dal mese di settembre 2015 però, qualcosa inizia a cambiare: nonno sembra "strano", più irritabile, talvolta addirittura "dispettoso". Inizia a bussare insistentemente alla porta di casa nostra, arrivando a chiedere alle 8.00 del mattino, se fosse pronto il pranzo. Il ché, inizia ad insospettirci, dunque la nostra presenza, inizia a diventare più forte. Iniziamo a passare da casa sua il pomeriggio, a controllare dove andasse, e a passare anche la sera a lasciargli la cena e a controllare se fosse andato a letto.

Lui voleva assolutamente restare a casa sua, condizione questa, che ci spinge a cercargli qualcuno che potesse fargli compagnia.

La situazione però, precipita velocemente, e arriviamo al 16 settembre 2016. Una signora del vicinato, conoscente di mio nonno, in quanto ex donna delle pulizie, quella sera telefonò preoccupata a casa mia per avvisare che mio nonno tentava insistentemente di entrare nella propria abitazione servendosi di un coltello anziché della chiave. La cosa ci lascia di stucco e ci rechiamo lì immediatamente. Effettivamente la scena che ci ritroviamo davanti agli occhi era proprio quella: ma cosa più sconcertante, era la "naturalezza" con la quale mio nonno tentava di aprire la porta. Insomma, come se il tutto fosse normale.

Nonostante lui fosse contrariato dalla cosa, non abbiamo potuto fare altro che portarlo a casa nostra e tenerlo lì. Non poteva più restare solo, alla luce di quanto era accaduto. Era ancora una delle serate calde, e un'altra cosa disgustosa, motivo per il quale scrissi quella lettera che leggerete a breve, era l'indifferenza del vicinato seduto fuori, che borbottava sull'accaduto senza capire che si trattava di una persona in palese difficoltà.

Colti dunque i limiti di questa gente – argomento che affronteremo nel corso del racconto – scrissi sul mio blog una lettera intitolata "Vi presento l'Alzheimer. Chi è il vero malato?".

Vi presento l'Alzheimer. Chi è il vero malato?

«Scrivo questo post, su questo mio carissimo amico blog, per riflettere su un argomento molto importante. Il titolo parla chiaro, dice "Vi presento l'Alzheimer", e poi pone una domanda: "Chi è il vero malato?". Ovviamente, non si tratta di un articolo a carattere medico scientifico poiché non ne ho le competenze, ma un'analisi sociologica sul fenomeno è fattibile. Che cosa è l'Alzheimer? Se dovessi fornire io una spiegazione della patologia, direi che è quella maledetta malattia che colpisce una persona nella maggior parte dei casi anziana, privandola della propria dignità. Oltre il "malato", l'Alzheimer colpisce tutte quelle persone che sono intorno a quest'ultimo. Dunque, ricapitolando, l'Alzheimer è quella maledetta malattia che un bel giorno decide che la tua vita, il tuo lavoro, i tuoi hobby e la tua serenità devono essere accantonati. Insieme a tutto questo, aggiungiamo anche l'immagine. È proprio su quest'ultimo concetto che voglio sviluppare il mio discorso. Prima però, voglio fare alcune premesse, in modo da orientare bene il lettore, e per rendere comprensibile quanto sto raccontando. L'Alzheimer lo conosci solo quando ci hai a che fare. Non cancella solo i ricordi del malato. Cancella anche i tuoi. Cancella i tuoi giorni, cancella tutto. Però ti insegna anche qualcosa: ti insegna ad essere tollerante e paziente. E tolleranza e pazienza sembrano essere la vera cura per i famigliari di un malato di Alzheimer. Inizialmente, quando ancora non si è a conoscenza della presenza della malattia, si guarda il malato con aria sospetta. Si pensa che questo sia cattivo, dispettoso, fastidioso. Si litiga con il malato, e ci si esaspera nel dover ripetere sempre la stessa e identica cosa mille volte al giorno. Poi però, quando capisci che fare sempre le stesse domande, è l'unico modo che il malato ha per aggrapparsi ai ricordi, ti rendi conto che arrabbiarsi non serve a nulla, perché cinque minuti dopo, tu sarai ancora nervoso, il malato ti guarderà e ti chiederà "perché sei arrabbiato?" e magari si intristisce perché pensa che ce l'hai con lui. Come dicevo, questo maledetto Alzheimer, cancella i ricordi, ma non cancella i rimorsi. I rimorsi per tutte quelle volte che ti sei arrabbiato, e ti sei sentito preso in giro perché quella persona "negava" di aver commesso una determinata azione. Ma non negava, semplicemente non lo ricordava. Sapevo già cosa fosse l'Alzheimer: lo leggevo negli occhi di mia zia e delle mie cugine, che stanno perdendo giorno dopo giorno, quello che prima della malattia era un marito e un padre. Non che adesso non ricopra più quel ruolo, ma della persona è rimasto un corpo spento ed agonizzante in un letto, perché la malattia gli ha divorato qualsiasi facoltà, qualsiasi speranza, qualsiasi pensiero. Lo conoscevo dunque, l'Alzheimer. Negli ultimi quindici giorni ho approfondito la mia conoscenza. È venuto a bussare alla mia porta e ha detto a me e alla mia famiglia di mettere da parte le nostre vite per prepararci al peggio. L'Alzheimer da oltre due settimane a questa parte, bussa ogni giorno alla mia porta. A qualsiasi ora, 10, 15, e anche 20 volte al giorno. Citofona e bussa. Bussa quasi a voler buttare a terra il portone. E ogni volta che rispondi, piange. Bussa a qualsiasi ora, fa la pipì dove capita, non ricorda di aver mangiato e non riesce più ad aprire la porta di casa. Questo Alzheimer che ogni giorno si presenta davanti la mia casa, ha il nome e il volto di mio nonno. Una persona mio nonno, che affetta da questa maledetta malattia, ha perso la cognizione di se stesso, del tempo, dello spazio. Tutto. Ha perso tutto. Non c'è nulla di lui che io e la mia famiglia possiamo salvare, perché si sa, la malattia è così. Ma forse solo una cosa posso salvarla, anzi devo salvarla: la sua dignità. La malattia ti fa perdere anche quella purtroppo, ad esempio, quando in preda all'incontinenza, fai la pipì ovunque capiti. E i rari momenti di lucidità che seguono (ora svaniti anche quelli), includono un'umiliazione tale, che un uomo di 86 anni, padre e nonno, non riesce a reggere. E allora subentra quello che viene chiamato il male dell'anima: la depressione. La depressione ti uccide dentro, e allora ti ritrovi una persona senza ricordi, senza mete cognitive, senza pensieri, costantemente in ansia, e in lotta con il male della sua anima. A ciò contribuisce anche il dover privare questa persona delle sue abitudini, come macchina e campagna ad esempio. Cosa che la mia famiglia ha fatto per il suo bene (e per quello degli altri), ma che lui ha percepito male. Privare una persona delle sue abitudini, soprattutto se praticate per un'intera vita, equivale ad ucciderne una parte. Adesso gli priveremo anche di uscire purtroppo, perché proprio stasera, ne ha combinata un'altra delle sue, dimenticata subito dopo. E allora un malato di Alzheimer non puoi rimproverarlo, perché non se ne spiegherebbe il motivo e percepirebbe il tutto come un maltrattamento. E adesso chiuderlo in casa con noi, nonostante la nostra costante presenza (la sua famiglia), lo prenderà come una punizione, e ne soffrirà. Si vedrà privato di tutto, della sua vita, e noi saremo i cattivi. Ma si sa, è la malattia, e il bene di un famigliare ha anche questo prezzo. Perché vi racconto questa storia? Arriviamo al dunque. Chi è il malato? Malato sembra quasi un'offesa, parliamo di una persona in difficoltà. Una persona in difficoltà, il buon senso vuole, anzi lo spirito di umanità vuole, che vada aiutata. Aiutata, ho detto bene. Non derisa e schernita per strada. O peggio, criticata. Dico questo perché, proprio oggi pomeriggio, mentre mio nonno era a casa mia per la cena, io ero fuori con mia madre per sbrigare alcune faccende e ci siamo imbattute in una conversazione tra alcune persone. Persone, a cui forse i castighi divini (che Dio mi perdoni) non sono bastati, e anziché aprirgli il cuore al prossimo, si preoccupavano di criticare atteggiamenti assunti da mio nonno: quali ad esempio il parlare a casaccio, oppure l'impulso frenetico, quasi ossessivo compulsivo di sfondarmi la porta di casa. Eh si, ne ridevano. E se fosse capitato a voi? Ad un vostro parente? Anzi, e se capiterà a voi? È facile dire "chiudetelo in un istituto". È facile da dire, si, per chi problemi non se ne pone ad abbandonare un genitore. Chi invece lo scrupolo ce l'ha, viene mal visto, perché il padre o il nonno, si comporta in maniera strana per strada. Però, siamo bravi a parlare di accoglienza, a metterci in prima fila nelle gare di solidarietà o eventi religiosi. Si forse sono malata anche io, perché dico sempre la stessa cosa, ma non mi stancherò mai di dire, quanto certa gente sia degna di essere catalogata tra i Farisei. Schifare, evitare, deridere e schernire una persona malata, è abominevole. Chi fa più pena a questo punto? Il malato, o la gente che fa queste cose? Io resto senza parole. Però questo schifo lo voglio urlare, perché viviamo in un paese di 4000 abitanti, e la solidarietà e la comprensione dovrebbero essere le fondamenta di una comunità così piccola. Invece no, siamo tutti giudici di qualcuno. Siamo tutti superiori a qualcuno. Più in alto su di un gradino che in realtà non esiste. Ma quando si tratta di ergerci a moralisti, e additare chi "profana", siamo sempre lì in prima linea. Riempiamo i cortei religiosi, riempiamo le chiese, consumiamo Rosari e libricini nel pregare; cantiamo anche senza voce, piangiamo sotto le croci, e veneriamo statue sacre ad ogni occasione, e poi vedi... siamo così vuoti, ciechi. Comprendo anche me stessa, perché prima che questa maledetta malattia venisse a bussare alla mia porta, mi arrabbiavo. Andavo in escandescenza, reputavo cattivi i comportamenti di mio nonno. Poi ho capito, che la persona cattiva forse ero io. Io faccio umilmente il *mea culpa*, ma ora è evidente, che *"Nocenz"* è una persona malata, che non va derisa. E che si addormenta su una panchina e gli cascano gli occhiali per terra, questi vanno raccolti e gli vanno restituiti, non va deriso, non va preso in giro. Perché tra 100 anni su quella panchina, ad addormentarsi, o lungo la strada a dire cose a casaccio, potrebbe esserci il padre o il nonno di qualcun altro. Visto che questo paese, strutturalmente non offre nulla ai nostri anziani, visto che ci sentiamo tutti autoctoni e legati alle radici, mettiamole in pratica tutte queste cose e rispettiamoli. Non vi racconto questo per avere la vostra solidarietà, non mi cambia la situazione. Voglio però che sia una testimonianza, e che ci porti a riflettere sul fatto, che siamo tutti sotto lo stesso cielo, e che la vita, è una ruota che gira.

Chiudo con una massima di Papa Giovanni XXIII: "Nulla di quello che accade all'uomo deve risultarci estraneo"».

I mali della società: indifferenza e intolleranza

Non è stato per nulla facile gestire questa terribile esperienza che ha colpito me e la mia famiglia. Non è stato facile perché, come avrete avuto modo di capire, non abbiamo combattuto solo con la malattia, ma anche con gli atteggiamenti della gente che ci circondava. Tutto ciò che non si conosce, ci risulta sempre estraneo, incomprensibile, da ripudiare. Purtroppo questo vale anche con le persone, e la "regola" non ha risparmiato mio nonno.

Viviamo in un paese di circa 4000 anime della provincia di Taranto. Un paese dove ci si conosce tutti, e dove tutti sanno tutto di tutti. Un po' un atteggiamento tipico del sud. Mio nonno, classe 1929, è appartenuto ad un'epoca e ad un ramo generazionale alquanto complesso. Ha vissuto la povertà, la Seconda Guerra Mondiale, ha sentito sulle sue spalle il peso delle responsabilità. Quarto di cinque figli, ultimo maschio di casa, prima dell'ultimogenita, non è stato il figlio coccolato, bensì l'addetto ad ogni tipo di mansione.

Quattro anni trascorsi in esercito a servire la Patria, e poi il lavoro in Alenia. Nonno Innocenzo si sposa a 37 anni con nonna Elena, conosciuta come "Lelena", della quale porto il nome, all'epoca 36enne.

Lei sarta, lui operaio, danno alla luce il loro primo e unico figlio all'età di 40 anni. Cosimo, mio padre.

Le successive gravidanze di nonna Elena purtroppo non sono andate a buon fine, tra aborti naturali, e la morte della piccola Anna, venuta al mondo priva di vita. La sorellina tanto attesa che mio padre, bambino, aspettava con gioia.

Nonna scopre con le gravidanze le sue sofferenze cardiache e respiratorie, che la costringono molto spesso a letto o a ricorrere all'ossigenazione artificiale.

Una intera vita di sofferenze per lei, mio nonno, e mio padre, che cessa con la sua morte il 26 febbraio 2003, all'età di 72 anni.

Ricordo quel giorno come se fosse ieri.

Erano le 15.30, di un grigio mercoledì di febbraio. Io avevo 12 anni, e quella   telefonata di mamma a casa che diceva di passargli immediatamente papà, mi fece capire tutto.

Avevamo appena accompagnato a casa mio fratello Innocenzo Cristian dopo la scuola materna, all'epoca aveva 3 anni.

Nonostante mia madre inventasse l'impossibile per non dirmi nulla, io avevo già capito tutto. Avevo capito che nonna non c'era più. E per me quello fu un colpo decisamente dolente, considerando che quei miei 12 anni di vita sino ad allora, li avevo praticamente vissuti con lei e con mio nonno. Avete presente, spesso da bambini immaginiamo le persone vicine a noi come immortali. Quelle persone che mai e poi mai potrebbero morire un giorno. Ecco, mia nonna era una di quelle, e immaginare mio nonno senza di lei, produsse in me una visione incerta del futuro. In realtà, anche se molto presto, stavo iniziando a capire come funzionava la vita.

La morte di nonna segnò la fine di un'era e l'inizio di una nuova era, che giorno dopo giorno, sarebbe diventata sempre più difficile.

Nonno riprese la sua vita e le sue abitudini: sveglia presto, la campagna, e i suoi hobby.

Restava in casa meno tempo possibile, forse per non pensare al fatto che al rientro, nonna non c'era più. Spesso le assenze si sentono più forti delle presenze, finendo per trasformarsi in ombre che tormentano il vissuto. E probabilmente questo è accaduto a mio nonno.

Da quell'orami lontano 2003, lui diventò il sesto posto a tavola a casa mia. Pranzare con noi e da noi lo avrebbe fatto sentire meno solo, gli avrebbe fatto sentire la vicinanza di una famiglia, la sua. Dei suoi amati e unici tre nipoti.

Nonno con me ha avuto sempre un rapporto particolare: ero l'altra "Lelena", la mediatrice. E non lo nascondo, eravamo anche molto complici: mi appoggiava in tutto, sempre disponibile, mi accompagnava ovunque.

Era una persona buona, non ha mai fatto del male a nessuno, anzi, appena ne aveva la possibilità, si prodigava per chiunque. Un normalissimo anziano come tanti, che trascorreva le sue mattinate in campagna e i suoi pomeriggi in piazza.

Non mi era mai passato per la mente di seguire mio nonno e vedere dove andasse o   cosa facesse, ma alcuni strani suoi atteggiamenti mi spinsero ad approfondire la questione.

Era consuetudine di nonno il pomeriggio, passare da casa mia per una normale visita. Quella visita per me e i miei fratelli era attesissima durante la nostra infanzia, perché ogni sera, nella tasca della sua giacca, c'era sempre un cioccolatino per noi. Così come ogni domenica mattina, in occasione del pranzo domenicale, c'era sempre la busta di frutta secca, nella quale non mancavano mai i miei amati pistacchi.

Nell'ultimo periodo, luglio – agosto 2016, notai qualcosa di strano. Le visite di nonno il pomeriggio erano sempre più frequenti e molto prolungate. Cercava appoggio, approvazione e compagnia, nonostante la piazza del paese e i circoli ricreativi fossero affollati. La cosa mi insospettì, e mi portò a chiedergli il perché preferisse restare chiuso con noi in casa e non restare in piazza con i suoi amici. La sua risposta era «non c'è posto a sedere in piazza per me». Questa risposta non mi è di certo passata inosservata, e dunque iniziai ad indagare. La scoperta che ne è conseguita è stata davvero rivoltante. Nonno veniva isolato e deriso. Molto spesso lo ritrovavo seduto completamente solo di una panchina, mentre su quella accanto vi erano forse cinque,   sei anziani pronti a deriderlo.

Lì iniziai a guardare mio nonno con altri occhi, iniziai a guardare dentro mio nonno. Mi accorsi che stava invecchiando, che talvolta era spettinato e aveva gli occhiali storti; che si appisolava con frequenza, e che se gli facevo cenno da lontano con la mano non mi salutava perché non mi riconosceva.

Iniziai a capire i suoi atteggiamenti "strani", quando la sera passeggiando passavo da casa sua e mi abbracciava e sorrideva come se non mi vedesse da una vita, ma in realtà ci eravamo visti poco prima.

Ciò che non capivo però, era l'atteggiamento della gente alla quale si avvicinava per chiacchierare: non lo consideravano, non gli rivolgevano la parola e si rintanavano in casa non appena lui si avviava verso di loro per scambiare quattro chiacchiere. La motivazione era che "Innocenzo sta fuori di testa".

Con mio padre prendemmo una decisione atroce. Atroce per certi versi. Sicuramente dal nostro punto di vista, è stata la decisione migliore per lui, per tutelarlo, e per salvare il salvabile: la sua dignità, quella che gente ignorante stava calpestando; quella della quale gente ignorante si stava prendendo gioco non considerando che Innocenzo andava aiutato e non schernito. Ma evidentemente era troppo difficile questo da capire, per persone che hanno trascorso la loro esistenza guardando la vita degli altri e mai la propria. Ma questo è un altro discorso.

Il nocciolo della questione è come la diversità, le difficoltà, vengano ancora oggi, nel 2016, concepite come un qualcosa da tenere lontano.

Non voglio essere un'ipocrita, e non voglio nascondere i miei comportamenti e l'atteggiamento che io stessa ho assunto nei confronti di mio nonno quando ancora non avevo capito che il suo male si chiamasse Alzheimer.

L'inizio dell'incubo

Portare mio nonno a casa mia coincide con il periodo che io chiamo l'inizio dell'incubo.

Per certi versi, la decisione presa si era resa necessaria. Non c'era persona estranea che potesse tollerare gli atteggiamenti di mio nonno malato, come noi familiari. Non c'era persona estranea che potesse comprenderlo e amarlo come abbiamo fatto noi.

Per altri versi, la decisione si era rivelata anche atroce. Privare mio nonno della sua casa, delle sue abitudini, diventò per lui una sorta di punizione ingiusta inflittagli chissà per quale assurdo motivo. La sua malattia portò a fargli pensare che noi gli volessimo male e volessimo la sua distruzione, motivo per il quale il suo comportamento molto spesso sfociava in aggressioni, in pianti lunghissimi, o in parole non molto carine e dispetti.

La situazione non era sicuramente facile da gestire e le mie reazioni – almeno prima della diagnosi definitiva – non sono sempre state delle migliori. Ho urlato contro mio nonno, mi sono difesa dai tentativi di aggressione, gli ho rivolto parole davvero brutte. Non credevo al fatto che lui non ragionasse per davvero, e me ne convincevo sempre di più notando i suoi tentativi di eludere i nostri "controlli". Un esempio eclatante erano i colpi di finta tosse con i quali lui tentava di mascherare il rumore della porta per tentare la fuga.

Poi mi si è spezzato il cuore quando il neurologo, a seguito della visita, ci disse che si trattava di morbo di Alzheimer avanzato. In sostanza il neurologo ci disse che quella persona non era più il nonno Innocenzo di sempre, e una frase che mai dimenticherò nella mia vita, fu «preparatevi al peggio».

Peggio di così? Il peggio non era ancora arrivato. Avrei dovuto discutere la mia tesi di laurea a marzo sulla questione ambientale tarantina e l'Ilva, il che richiedeva tempo, spostamenti per interviste varie, e tranquillità per la stesura della tesi e lo studio per gli ultimi esami. Accantonai tutto e rimandai a data da destinarsi. Accantonai la mia vita, le mie amicizie, perché in casa tutti eravamo indispensabili.

L'unico mio rifugio temporaneo, era il lavoro. I pomeriggi in redazione trascorsi con il magone in gola, e l'impulso irrefrenabile di contattare i miei o mia sorella per chiedere quale fosse la situazione a casa.

La nostra, fino ad allora, è stata una non vita.

Nonno era sempre più triste ed arrabbiato. Ogni giorno mi supplicava. Ero io in casa, la persona con la quale dialogava di più. Mia madre non aveva più un'identità per lui: era diventata la "signora che cucina". Mia sorella e mio fratello avevano un nome diverso ogni volta. Io e mio padre eravamo i suoi punti di riferimento. Mio padre era il suo nord, era diventato la sua ombra. Io ero il mediatore, colei tramite la quale lui si assicurava che mio padre gli volesse bene. Purtroppo ultimamente temeva un abbandono, che in realtà non sarebbe mai avvenuto.

Con mio padre arrivammo a dotare la sua stanza di telecamere di videosorveglianza. Mio padre aveva sul suo comodino il monitor e trascorreva le sue notti perennemente insonne: ogni minimo rumore lo faceva sussultare.

Ogni santo pomeriggio, la richiesta di mio nonno era quella di uscire un po' in giro. Aveva un modo tutto suo. Si avvicinava a me in silenzio per non farsi sentire dagli altri e mi sussurrava: «Elena, andiamo un po'? Così passiamo anche da casa».

Per scongiurare il peggio, pianti, urla e altro, lo accompagnavo nella sua consueta passeggiata.

In un attimo la vita si era capovolta. Quante volte mio nonno, da bambina, mi ha portata mano e mano in giro per le vie del paese. Ora ero io ad accompagnare lui. La sua premura era passare da casa sua.

La storia è andata avanti per molto tempo, ma con l'arrivo del freddo invernale, non è stato più possibile uscire per la passeggiata pomeridiana. Un colpo di freddo avrebbe potuto farlo ammalare, dunque preferimmo non farlo uscire.

Questo ovviamente mio nonno non lo aveva compreso, e continuava con le sue richieste. Dirgli che faceva freddo serviva a ben poco, dunque partì da parte mia una campagna di promesse da cui questo libro prende il nome. «Nonno oggi fa freddo, però domani, te lo prometto, ti porto a casa».

«Abbiamo fatto pace? Dammi la mano»

«Abbiamo fatto pace? Dammi la mano». Non bastava rispondergli un «si». Bisognava dargli la mano.

«Io voglio bene a tutti. Non faccio del male a nessuno». Erano oramai diventate frasi di routine. Una giustificazione perenne a un presunto male che pensava di aver cagionato a qualcuno di noi. In realtà, molto spesso, ciò che lo turbava era la nostra espressione imbronciata alle sue continue richieste, assecondate, e dimenticate poco dopo. Come ho più volte sottolineato nel corso del racconto, non è stato facile occuparsi di mio nonno e del suo fantasma, l'Alzheimer. Anche parlare tra di noi lo insospettiva e lo terrorizzava. Temeva costantemente per la sua incolumità e sfociava in pianti disperati. Poi gli bastava un abbraccio, un solo abbraccio o una stretta di mano, e tutto tornava com'era: era felice. Questo lo abbiamo capito in seguito, studiando questa malattia, o meglio, studiando come approcciarci a questa malattia. Il malato di Alzheimer trova un grande sostegno nel contatto fisico e nel linguaggio non verbale. Un'espressione del volto amorevole lo conforta e lo rassicura, così come un abbraccio o una stretta di mano. Il calore del corpo lo fa sentire protetto. In effetti nonno, ogniqualvolta lo si abbracciava, o gli si teneva la mano, era felice.

Credo che renderlo felice sia il ricordo più bello che posso conservare di lui negli ultimi mesi della sua vita. Come per lui l'abbraccio era un toccasana di felicità, per me questa immagine di lui sorridente nonostante la malattia, è un toccasana al cuore.

Vivere la sua sofferenza mi ha fatto capire tanto. Perché sembra assurdo, ma non lo è: i suoi pianti ingiustificati erano sofferenza per me. Vederlo disperarsi, chiedere aiuto, difendersi da un qualcosa che non c'era, mi faceva sentire impotente. Non potergli dare il mio aiuto mi faceva sentire addirittura una traditrice. Ma come glielo spiegavo che era tutto tranquillo e che non c'era bisogno di agitarsi?

Era impossibile e allora l'unica soluzione era iniziare a guardare il mondo con i suoi occhi, gli occhi dell'Alzheimer. Improvvisamente iniziai a parlare al telefono con persone che non esistevano, iniziai a difenderlo da   nemici immaginari, ed iniziai ad avviare con lui progetti irrealizzabili. Eravamo stati in campagna, eravamo stati a casa, avevamo colto i frutti della sua terra e li avevamo anche mangiati. Creai intorno a me un alone immaginario che riusciva a farlo sentire felice. E' proprio in questo alone immaginario che ho rincontrato l'io sano di mio nonno, ed era quello legato ai suoi ricordi, alle sue abitudini. Rivivere le sue abitudini, seppur in maniera quasi immaginaria, lo aiutavano nel trascorrere delle sue giornate ormai tutte uguali. Le sue giornate, le mie giornate, le nostre giornate.

La Notte di Natale

Ho un altro ricordo bellissimo di nonno nei suoi ultimi mesi di vita. Era la vigilia di Natale ed erano in corso i preparativi per la cena. Quella sera avremmo festeggiato in compagnia di mia zia e delle mie cugine, e l'aria che si respirava in casa era felice. Non vi era tensione quel giorno, e nonno evidentemente questo lo percepiva.

Con la sua vestaglia, seduto accanto al caminetto, ha intonato per l'intera giornata una canzoncina inventata sul momento. Sulle note di "Tu scendi dalle stelle", lui cantava felice "La notte di Natale". Lo ricordo benissimo, è nitido nella mia mente. Era felicissimo, un sorriso stampato in volto e quella canzoncina che presto in casa, iniziammo a cantare tutti.

Vederlo sorridere e star tranquillo ci rasserenava.

Trascorse felicemente quella giornata, e tranquilla fu anche la cena. Cenò con molto appetito e partecipò a suo modo, alle conversazioni che si tennero a tavola. Mia zia lo includeva molto nei discorsi e così le mie cugine. E loro sapevano benissimo con chi avevano a che fare, considerato che qualche mese prima, era venuto a mancare mio zio a soli 65 anni, per la stessa maledetta malattia.

Mai avremmo potuto immaginare che da lì a due giorni, mio nonno non sarebbe stato più in casa con noi. E se pensate che il vero incubo sia stato averlo in casa, vi sbagliate. Lo pensavamo anche noi.

Il vero incubo è stata l'agonia che dal 27 dicembre al 4 marzo, ha stravolto lui prima e noi dopo. L'ospedalizzazione e la fine dei suoi giorni, hanno segnato la vita di ognuno di noi. Sembrava di avere impostato un countdown nel suo corpo fino alla fine dei suoi giorni ed ogni secondo scandito era ben visibile agli occhi. E tutto comincia da lì, dalla notte di Natale.

Trascorsa in compagnia e felicità, dopo avere scartato il suo regalo, nonno va a dormire. Svanisce l'allegro nonno canterino e all'indomani, 25 dicembre, solo urla e disperazione.

L'aggressività di nonno è durata per più di 24 ore, tant'è che il 26 dicembre a pranzo, afferra un coltello da cucina e tenta di accoltellare mio padre al petto, dopodiché, si accascia sulla poltrona, sfinito, e si addormenta.

Questo sonno improvviso inizia ad insospettirci: è sera, ma ancora non si sveglia. Non ha forza nelle gambe. Ciò ci spinge ad allertare il medico di guardia e i sanitari del 118. Nonno viene trasportato in ospedale, e ricoverato nel reparto di geriatria dove resterà fino al 26 gennaio, giorno del suo ingresso in una RSA.

16 gennaio. I tuoi 87 anni

16 gennaio. È il suo 87esimo compleanno. Il primo compleanno per il quale non chiede una torta perché non sa più cosa sia e come sia fatta una torta. Non sa nemmeno che è il suo compleanno. E ha sempre tenuto al fatto che noi lo ricordassimo, tanto da annunciarlo ogni anno mesi prima. Perché festeggiarlo per lui evidentemente significava "ce l'ho fatta anche questa volta". Questo è il primo suo compleanno in un letto d'ospedale. E domani quando andrò a trovarlo non capirà il perché degli auguri. Questa foto è di 3 mesi fa. Non è rimasto nulla di ciò che vedo. Solo tanta amarezza.

E se avessi saputo l'anno scorso che era malato, forse la torta sarebbe stata più grande, forse l'abbraccio più lungo. Forse non sarei caduta nella trappola che tende questo maledetto Alzheimer. Forse ti avrei amato di più. E forse questo momento lo avrei affrontato con la pace nel cuore. Quella che mi manca.

Buon compleanno nonno. Anche se non lo è.

«Elena»

Se dovessi contare quante volte mio nonno ha urlato il mio nome in ospedale, non mi basterebbe l'infinito. «Elena», il nome di sua moglie, l'unico che non ha mai sbagliato a pronunciare. L'unico che non ha mai dimenticato.

In ospedale mi conoscevano tutti, ma non perché avessi attaccato bottone con il personale, semplicemente perché ero la richiesta e l'argomento costante di mio nonno.

Mi recavo spesso con i miei genitori a trovarlo, ma non tutti i giorni. Ero abituata a vivere mio nonno come una persona alla quale fare riferimento, e vederlo così, in un letto d'ospedale, con le fasce di contenzione a caviglie e polsi, mi faceva male. Mi disorientava molto dalla visione che sino ad allora avevo avuto di quell'uomo, ora così piccolo, così scarno, che si strappava tutto denudandosi.

È che questo maledetto Alzheimer non ti priva solo dei ricordi. Ti priva anche e soprattutto della dignità. E non mi basterebbero collane intere di libri per raccontare quanto ho lottato per preservare quel poco di dignità rimasta, e quanto combatto ancora, nonostante lui non ci sia più.

«Elena» quanto lo ha sempre urlato questo mio nome. Ero sempre lì pronta a difenderlo da qualsiasi cosa: da chi tentava di raggirarlo perché anziano, da chi gli si rivolgeva male, dai curiosi che volevano vedere come la malattia lo aveva ridotto, e dalle larve della società che volevano curiosare per vedere come fosse da morto, dopo averlo deriso quando era in vita e malato.

Vive una rabbia enorme dentro di me. E non solo per come si sono comportati nei confronti di mio nonno, ma per come continuano a comportarsi nei confronti di altri anziani nella stessa situazione.

Dopo la sua morte non mi sono di certo liberata dell'Alzheimer. Rivedo mio nonno in ogni anziano e ogni anziana nella stessa situazione. Rivedo me, mio padre, mia madre e i miei fratelli negli occhi disperati dei loro parenti. Rivedo la nostra sofferenza nella loro. E questo libro/racconto vuole essere un modo per aiutarli ad affrontare la malattia, condividendo con chi soffre, la nostra esperienza.

Una normale domenica di noccioline

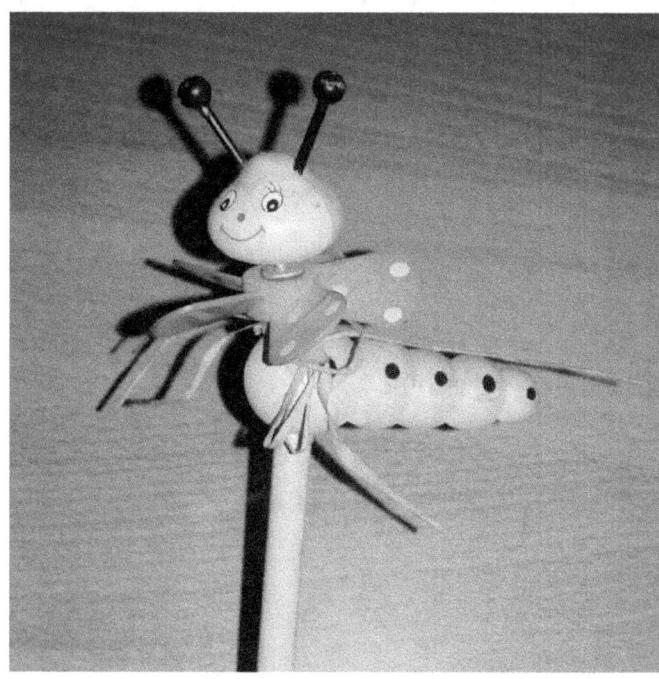

Credo sia un'ape, un bruco. Una farfalla. Non ne sono sicura. E' bella, completamente in legno. E' una matita particolare e la conservo da anni, insieme a tante altre matite mai usate, tenute così in un barattolo, per semplice collezione. Ma questa matita ha una storia particolare.

La sua storia, un po' la mia. E' arrivata che ero bambina, in una delle classiche e normali domeniche di noccioline. Che significato può avere una matita? Una matita serve a disegnare, tracciare linee, comporre. Non l'ho mai usata, ma se mi domando il perché di quel regalo, mi piacerebbe pensare che mi è stata regalata per scrivere qualcosa.

E' arrivata, come dicevo, tanto tempo fa, in una normale domenica di noccioline. Come ogni bambino che ama volare con la fantasia, anche io, da bambina (e tutt'ora continuo), amo dare un nome a determinati momenti, e scene della vita quotidiana. E la normale domenica delle noccioline è una scena, che inconsapevolmente pensavo non sarebbe mai mancata nella mia vita. Ogni domenica era la normale domenica delle noccioline. Un citofono che squilla puntuale alle ore 12.00, il classico "chi è" e l'immancabile "sono io". E non nascondo che quel "sono io" più volte mi ha anche infastidita, e non poco. Quasi mi faceva venir voglia di non alzarmi dal letto. Eppure, adesso, pagherei non so quanto per quel "sono io". Anche solo una volta. Ma se gli errori del passato si potessero rimediare, avremmo tutti la vita che desideriamo. Ma non esiste un antidoto, non esiste una cura agli errori se non la comprensione degli stessi. Quella mattina, di tanti anni fa, quel "sono io" oltre ad essere accompagnato dalla consueta busta di noccioline acquistate dall'ambulante della domenica, portava con se questa matita. E nonostante i bambini in casa fossero tre, lui la diede a me. «Na, guarda che ti ho portato». E quel "na", un ecco detto a modo nostro dialettale, quasi un obbligo nel nostro parlare comune. Un'esortazione a guardare il dono. Ricordo di aver guardato quella matita con tanta meraviglia e di averla mostrata subito a mia madre. Non posso parlare di me come una persona maniacalmente ordinata, ma nel mio tattico disordine ho una maledetta sete di controllo su tutte le mie cose, materiali e non. Devo sapere, devo mantenere il controllo, allungando lo sguardo e il pensiero sempre al di là del momento. E la prima cosa a cui pensai dopo aver ricevuto la matita, era come conservarla. Non l'avrei mai temperata, pur avendo potuto salvare il pupazzetto. L'avrei lasciata così. E così è rimasta. Saranno forse trascorsi 11-12 anni. Non ricordo di preciso dove l'acquistò, credo si trattasse di una sorta di mercatino di beneficenza, e lui era solito lasciare sempre qualcosa, così come era solito portare a noi qualsiasi dono ricevesse. Se con quella matita potessi tracciare una linea, o comporre un disegno, disegnerei tutte quelle scene della mia infanzia a cui ho dato un nome. A partire dalla domenica delle noccioline, e andando un po' più indietro nel tempo, al pentolino con i cioccolatini. Ma quella era lei.

Ricordo quando entravo in casa, spesso accompagnata da mio padre, e quell'immagine è ancora impressa. Il primo step era staccarsi il maledetto e fastidiosissimo fiocco verde dal grembiule scolastico. Lasciato lo zainetto sul divano e la corsa in cucina. Su una sedia in legno e paglia c'era lei, col suo grembiule azzurro a fiori, lo scialle di lana sulle spalle, un sorriso stampato in faccia, e in mano un pentolino rivolto verso il caminetto. Nel pentolino tre gianduiotti, che io chiamavo "il ferro da stiro". La leggenda all'epoca narrava che la befana passasse da casa di nonna, e lanciasse dal caminetto tre gianduiotti per me nel suo pentolino. Sarà che non ero puntuale io, o era veloce lei, ma io quella befana non l'ho mai incontrata. Ma nonna era pronta a raccogliere quei cioccolatini, e conservarli per me. Ogni giorno. Oppure, per spolverare un altro ricordo, la mela scomparsa. La mela scomparsa era quella mela che mai avrei mangiato, ma che nonna sbucciava lo stesso e poneva in un piatto. Ed io senza accorgermene, guardando la tv, ne mangiavo un pezzo per volta, finendola. E lei rideva. O il barattolo delle meraviglie, nella cristalliera. E' ancora lì. Nonna in quel barattolo conservava le "mille lire", che la domenica mattina rendevano ricca e intraprendente ogni bambina del paese.

E' stato abbastanza difficile, negli anni, abituarsi all'assenza di questi momenti. Entrare in quella casa e trovare tutto com'era, senza nessun pentolino, senza nessuna befana passata a lasciare i gianduiotti, e senza nessuno pronto a sbucciarti una mela. E' stato molto difficile, considerando che sono ricordi che forse conservo solo io. E ora come ora sicuramente, visto che il "sono io" della domenica di noccioline, non sa più chi è.

La consapevolezza è aumentata quando quella stessa tv, in quella casa, ha iniziato a trasmettere qualsiasi tipo di immagine senza più cognizione da parte di chi la guardava. E ora come ora, è molto difficile abituarsi ad una domenica che è diventata un comune giorno della settimana, in cui non aspettiamo più nessuno, e cosa più triste, dove nessuno più ci aspetta.

Come se i ricordi potessero diventare all'improvviso magneti da attaccare e staccare in ogni momento della giornata. A nostro piacimento. Come se le storie potessero essere scrigni, da poter riaprire quando abbiamo nostalgia, per rivivere un momento. Non sarebbe male d'altronde, ma vige la stessa regola degli errori. Il tempo è fatto per non tornare indietro. Possiamo fermarlo solo in un ricordo.

4 marzo 2016 - «Papà, me lo fai un sorriso?»

Credo che il 4 marzo sia una data destinata a sconvolgere profondamente la mia vita. E non perché è la data in cui mio nonno è andato via per sempre mettendo fine alla sua sofferenza. Il 4 marzo per me, già 11 anni prima, nel 2005, aveva segnato qualcosa. Fu l'inizio della mia "condanna". Ero una ragazzina, avrei compiuto 14 anni da lì a due mesi, e in quel giorno venne a mancare a causa di una malattia, un ragazzo del quale ero infatuata. Si sa come sono gli amori a quell'età: puri, incredibilmente puri, mai espressi. Amati e taciuti. Ricordo di non aver pianto, forse non ero in grado di comprendere il dolore, perché dentro di me forse mi sarebbe piaciuto sempre. Si chiamava Michele ed era bellissimo.

Amante della penna, unica mia vera confidente, gli dedicai una poesia su un umile pezzettino di carta, e la occultai in un mazzo di fiori.

Quella poesia segnò per me una vera e propria condanna a morte. In un paese piccolo come quello in cui vivo, non venne colto il gesto d'amore in quanto tale, ma il tutto si tramutò in una mera pratica occulta di comunicazione con chi non c'era più, con tanto di inquisizione da parte della chiesa, che intervenne anche nel contesto scolastico. Mancava solo che fossi messa al rogo, per non parlare poi di cinque "illustri" famiglie che si rivolsero ai servizi sociali, perché una ragazzina che scrive una poesia "è pericolosa per i suoi coetanei".

Col senno di poi ci rido su, e penso che questa gente vada aiutata. Vada davvero aiutata a superare questi limiti che purtroppo, nella maggior parte dei casi, si tramandano di generazione in generazione.

Chiusa questa parentesi del passato, torno al 4 marzo 2016.

Il corridoio di quell'ospedale era illuminato come ogni mattina. Il sole attraverso la finestra rendeva il pavimento quasi uno specchio. L'ascensore ti accompagnava al primo piano, 10 metri di corridoio e poi subito sulla sinistra la stanza di nonno.

Quella mattina non andai a trovarlo insieme ai miei genitori. Mio padre entra in stanza e si accorge che la barba di nonno è cresciuta. Delicatamente, come ha fatto per tutti i tre lunghi mesi di degenza, con la bacinella di acqua tiepida e il rasoio, rade quella poca barba che era cresciuta quasi prepotente. Nonno non ha le forze, ha gli occhi chiusi e si lamenta.

Mio padre e mia madre prima di andar via lo salutano con un bacio. Sarebbe stato l'ultimo. Forse mio padre se lo sentiva e allora chiese a mio nonno un ultimo regalo: «Papà, me lo fai un sorriso?». Mio nonno chinò leggermente il capo e accennò un sorriso.

Fu uno degli ultimi momenti di lucidità. Un altro episodio si era verificato qualche giorno prima, quando ricevette dal parroco l'estrema unzione. Noi eravamo tutti vicino a lui a pregare. In quel momento pregai anche io, come se la preghiera fosse una medicina ad effetto immediato. Nonno era in coma, ma riusciva a sentirci e iniziò a pregare anche lui con noi. Non dimenticherò mai le sue parole sussurrate con il fiatone: «scusa». Riuscì a dire solo questo, rivolto verso mia madre.

Scusa verso mia madre che un padre non lo ha mai avuto, ma che ha dedicato quasi 30 anni della sua vita accanto a mio padre, vivendo la sofferenza di mia nonna Elena prima, e di mio nonno dopo.

Ma scusa di cosa poi? Quella sera ricordo di essermi avvicinata io a lui e di avergli sussurrato all'orecchio «scusami tu, nonno, se non siamo stati abbastanza».

I miei rientrarono a casa ad ora di pranzo, e ci dissero che era ormai una questione di ore. Nonno era arrivato al capolinea. L'idea della morte iniziava a diventare vicina, e il vuoto iniziava a farsi spazio tra i pensieri, pensieri di mesi vissuti cercando la forza ovunque: forza per me stessa e forza per mio padre che ha sofferto in una maniera incredibile. Sofferenza che continua ancora oggi.

Mi sono trovata ad affrontare discorsi e situazioni con un nodo alla gola difficile da mandare giù mantenendo gli occhi asciutti. L'unica cosa in cui speravo è che mio padre non fosse presente al momento della morte del nonno e fortunatamente, il destino così ha voluto.

Erano le 14,30 circa del 4 marzo 2016. Il cellulare di mio padre squilla. Sul display appare il nome del caposala. Capisco ancora prima di rispondere.

«Ho una brutta notizia da darvi» dice

«E' morto?» chiedo con una freddezza che non riuscivo a spiegarmi.

«Purtroppo si, è andato in arresto, abbiamo provato a rianimarlo, ma nulla».

Comunico quanto mi è stato detto. Ce lo aspettavamo un po' tutti, ma speravamo in un miglioramento. La prima che ho fatto è stato guardare il calendario, per capire quale data avrei dovuto segnare nel calendario dei dolori.

Ci rechiamo presso la clinica, nonno era già stato portato in camera mortuaria.

Arriviamo lì, lui adagiato sulla barella, dietro di lui un pannello con un'immagine sacra, una piccola luce e tanto freddo.

In quel momento mi sono davvero sentita sola, come non era mai successo prima.

Era ancora caldo, il volto sofferente. Gli ho accarezzato la fronte: «Nonno, è finito tutto. E' finito tutto».

Ciao nonno

Ciao nonno,

in questa nostra storia ho capito tantissime cose. Come se tutta questa vicenda fosse stata una lunga scala, ed ogni gradino fosse stato sempre più difficile. Mi hai insegnato qualcosa anche così, nonostante quello che ti ha portato via da me, da noi. Ma solo fisicamente. Sai nonno, in questa storia ho imparato a conoscere le contraddizioni del tempo. E il tempo di contraddizioni ne ha tantissime: sembra scorrere lento, e vorresti che volasse; poi vola davvero e vorresti fermarlo; poi passa e vorresti tornare indietro. Indietro a quando, con i tuoi modi di fare, riuscivi a dare un nome ai momenti, alle scene di vita quotidiana. Perché ho avuto la fortuna di viverti 25 anni, e ne ho potuti colorare ricordi con la tua presenza. Tutte fasi, tutti gesti, tutte immagini e parole, che in un modo o nell'altro mi porterò dentro per sempre, e mai potranno essere cancellate. Mi hai insegnato che al pregiudizio si saluta col sorriso e sollevando il capo, e che certe volte è vero, non è sempre colpa nostra.

Ma soprattutto, mi hai insegnato che se la sofferenza la si converte in forza, e la si usa per fare del bene agli altri, allora diventa amore. Ed è per questo che ho deciso di trasformare la tua, nostra sofferenza in forza, per donare amore come volontaria in un centro Alzheimer. Per donare, a chi ne ha bisogno, quel sorriso che a volte ti ho negato col volto imbronciato. Quel sorriso di cui avevi bisogno. Tra alti e bassi, mi hai insegnato la sacralità della famiglia, l'esserci sempre l'uno per l'altro nel bisogno. Il sentire il sangue che chiama, pulsare forte nelle vene fino al cuore. Questo mi aiuterà a non avere rimorsi nonno, perché ti ho stretto la mano e baciato la guancia fino all'ultimo. Perché nonostante tutto, hai amato me e i miei fratelli alla follia. Ero, sono e sarò per sempre quella Elena che ti ha riempito la vita, e che hai chiamato fino all'ultimo. I nonni sono l'amore più grande per i nipoti, ed ho avuto la fortuna di crescere con te. Tra gli immancabili cioccolatini, le passeggiate la domenica, i giorni di festa in casa a Via Roma, e l'immancabile palloncino volante. Le noccioline la domenica, i litigi al telegiornale, il tuo orgoglio per i miei studi, il mio lavoro. Quando andasti orgoglioso a comprare il giornale per leggere il mio primo articolo e dire ai tuoi amici che quella firma era "Lelena". Perché un po' della tua Lelena l'hai sempre vista in me, e come la vita insegna, gli amori grandi, quelli eterni, nulla e nessuno li cancella. Nemmeno l'Alzheimer, nemmeno la morte. E in questo caso non è stata la vita. Questo me lo hai insegnato tu. Nonostante i nostri contrasti, quando non capivo che quel male non eri tu, ma la tua malattia e la mia inconsapevolezza. E in quel periodo l'amore di cui avevi bisogno non ho saputo rendertelo. Questo mi toglie quella pace nel cuore con cui avrei voluto affrontare questo momento. E questo mi fa sentire un verme, così come vermi dovrebbero sentirsi tutti coloro che dinanzi alla tua malattia, hanno dato priorità all'orgoglio e all'egoismo, non degnandosi nemmeno di sentire quanto amore trasmettevi stringendo le nostre mani con le poche forze che ti restavano. Ma non fa nulla, nonno. Quell'amore l'abbiamo sentito noi, ci ha riempito il cuore, ha accompagnato le nostre lacrime. Ha dato un senso a tutto quello che noi 5, papà, mamma, io, Rossana e Innocenzo Cristian, da soli, abbiamo fatto per te. Per vederti ancora in piedi, per farti mangiare, per farti sorridere, per accompagnarti con quella dignità che questa maledetta malattia ti toglie. Tutto questo non andrà mai perduto. E se agli occhi di un Dio questo vale, non è nient'altro che amore: quello che malattia, morte, sofferenza non cancelleranno mai. Vivrà in eterno, con il tuo ricordo, e con tutto quello che sei stato per noi. Dall'inizio, alla fine e per sempre, mio adorato NONNO.

Solo nell'indifferenza

Per scelta con la mia famiglia abbiamo deciso di allestire la camera ardente nella camera mortuaria della clinica, senza portare nonno a casa. E sempre per nostra scelta, in accordo con il parroco, abbiamo deciso di celebrare solo la Santa Messa senza accompagnare il feretro nelle vie del paese con il consueto corteo, che qui da noi è previsto per ogni funerale. Il feretro, dopo la celebrazione religiosa, sarebbe andato direttamente al cimitero. Scrivemmo anche sui manifesti che non sarebbe seguito corteo religioso.

Questa seconda scelta è nata da un modo di vedere che da sempre caratterizzato me e mio padre. Non ci è mai importato della forma, a noi importava solo la funzione religiosa.

La seconda scelta invece, parte da più lontano. Decidemmo di non portarlo a casa per preservare la sua dignità almeno da morto, visto che da vivo era stata parecchio calpestata.

Abbiamo voluto mantenere mio nonno nella massima riservatezza, perché ora non ci sarebbe stato nulla da venire a guardare.

Qui arrivo al succo di questo mio libro. Ho iniziato con il lavoro che ha caratterizzato la mia tesi di laurea, ovvero provare a spiegare cosa sia l'Alzheimer, cosa comporta, e come comportarsi con una persona affetta da questa patologia. La seconda parte invece, dove racconto la storia di mio nonno da vicino, senza maschere e senza buonismi di circostanza, serve a far capire come vive la famiglia di un malato di Alzheimer e quanto sia dura non solo combattere contro la malattia, ma soprattutto contro la società che schernisce, schifa il malato. Anche davanti alla morte.

Mio nonno nei suoi 87 anni di vita è sempre stato a disposizione di tutti. Ha lavorato una vita, continuando a farlo anche dopo l'arrivo della pensione.

Quando la malattia ha iniziato a bussare alla sua vita, mio nonno ha iniziato ad assumere atteggiamenti diversi, ma comunque imputabili alla patologia.

La società questo però non lo ha capito o non ha voluto capirlo. E da padre e nonno, mio nonno per alcuni iniziò ad essere il "matto", il "porco", la persona "poco di buono", il "maniaco".

Hanno iniziato a deriderlo, insultarlo, schifarlo. Le donne "di buona casa" rientravano immediatamente al suo passaggio. Si gustavano i suoi deliri comodamente seduti fuori la porta di casa, senza intervenire, senza dire nulla. Ridendo e parlottando nella loro ignoranza.

Questo atteggiamento indefinibile si è protratto fino alla sua morte. A parte tutti i parenti, e qualche altra persona che non si è fermata alle apparenze, la chiesa nel giorno del suo funerale era vuota. Fredda come quella camera in cui mio nonno era stato portato il giorno della sua morte.

Fredda come il mio sguardo quando incrocio queste persone per strada. La loro presenza non era di vitale importanza, né avrebbe riportato mio nonno in vita. Quello che abbiamo perso con la sua morte lo sappiamo solo noi.

Io spero che la mia testimonianza possa aprire il cuore e la mente delle persone, perché a volte dietro ad una persona che ci sembra "matta", un "porco", un "maniaco", c'è una persona che soffre e una famiglia intera che non vive più e soffre con lui.

La vita è una ruota che gira, e come dicevo nella mia lettera in cui "presentavo" l'Alzheimer, su quella panchina vuota o in strada a dare spettacolo, un giorno potrebbe esserci il padre o il nonno di qualcun altro.

E in cucina il tempo si è fermato

Visto che siamo in tema di Alzheimer, e di ricordi, voglio concludere con un ricordo.

Quanto pesano questi scatoloni. E spostarli da una parte all'altra è faticoso. Tra polvere, segno indelebile del tempo trascorso; sospesa, come tanti cristalli di luce nell'atmosfera di quiete e silenzio. E' lì che vive il passato. Custodito gelosamente negli scatoloni dei ricordi, e nel peso di una vita che si trascinano dietro e che sento ancora sulla pelle nello spazio che mi circonda. Avete presente la polvere volante che si nota attraverso i fasci di luce? Ecco, immagino quei chicchi di polvere come tantissime bolle di sapone sospese nel tempo. In ogni bolla una storia.

Oggi sono ritornata in quella casa, che sta per diventare la mia. Il mio nido, la "mia oasi", io la chiamo così. Ho iniziato a scrutare le stanze, a pensare come diventeranno. Ho iniziato ad immaginare una luce nuova in quella casa, che sia un plus a quella già esistita. Ho pensato che non c'è posto migliore del nido in cui sei cresciuta per covare i propri sogni. Ho risentito l'odore di quelle sedie di paglia sulle quali lei sedeva quando mi aspettava dopo la scuola con il pentolino pieno di cioccolatini. Quei cioccolatini lasciati lì per me da una signora Befana che non ho mai incontrato. Ho riassaporato quei piatti preparati nelle domeniche e nei giorni di festa, che se mangiati tutti prevedevano un premio. Il vino che non ho mai voluto assaggiare, neanche diluito con acqua, ma preferito al caffè allungato che bevevo nel mio bicchierino in vetro col manico in acciaio. Il caminetto che ha bruciato, legna, anni, vita vissuta. Il lavandino nel sottoscala, la botola sotto il tavolo e il mistero di una cantina mai esplorata. Lo stanzino dell'olio, della dispensa. Il corridoio tra l'entrata e la cucina, la tv, la radio e la sua sedia in plastica sulla quale si appisolava per poi sobbalzare al mio arrivo improvviso. E se ci penso, sento ancora quel ticchettio di orologio che aveva vicino al petto. E se ricordo quando l'abbracciavo, e le chiedevo cosa fosse, lei mi rispondeva che aveva un orologio nel cuore, e quel suono, seppur fastidioso, per me era musica. E vicino al cuore, sulla maglietta, una spilla con le perline e due medagliette: una in oro e una in argento.

Ho riaperto ogni cassetto oggi, come mai avevo fatto prima, perché si fa sempre attenzione prima di scrutare nei cassetti della vita delle persone. Ed è incredibile vedere come il tempo non cancelli i segni e gli odori sui vestiti. I suoi. Ben piegati e conservati come se la sua mano fosse ancora lì attenta all'ordine. E quel suo profumo inconfondibile, che prevale su ogni immagine che la mente umana sia costretta a cancellare a lungo andare.

Poi sono entrata in cucina. E li mi sono accorta che il tempo si era fermato. E quando il tempo si ferma, ti soffermi sui dettagli senza fretta, notando ciò che magari con la fretta non avresti mai guardato. O forse perché quando intorno a te hai il vuoto, guardi attentamente con la speranza di trovare qualcosa. E ho guardato quei piatti appesi sulla tavola, alle piastrelle. I loro colori, l'immagine che rappresentano. E ho iniziato a pensare agli anni che hanno. Poi ho guardato istintivamente calendario ed orologio. Il calendario fermo ad ottobre 2015 e l'orologio fermo alle 17.50. Ottobre è stato un mese in cui quella casa ha visto la luce del sole, e ha udito la voce di lui. Lui era ancora lì, con i nostri eterni via vai, i pianti, la rabbia, e le memorie che andavano perdendosi con lui, ma che sono rimaste in questi scatoloni pesanti. Pesano, così pesava quella porta chiusa, agli inizi, quando di lei in casa rimase solo l'odore. E poi quella casa divenne il mio punto di riferimento quando avevo bisogno di lui. Ed è bello poter pensare che ho avuto bisogno di lui, perché me lo ricorda forte e protettivo, forse anche troppo.Oppure quando, per tenergli compagnia, si organizzavano i pranzi improvvisati. E stavamo bene noi, insieme. E stava bene lui, con noi.

E credo che non sia un caso l'orologio fermo alle 17.50. Era il suo consueto orario di visita a casa mia. E credo che lo lascerò fermo lì, a quell'ora e che non toglierò mai via quel calendario fermo ad ottobre 2015. Forse tornare in cucina, diventerà un rifugio nell'oasi, in cui il tempo si è fermato. Una illusa possibilità di tornare indietro per un attimo a riabbracciare i ricordi.

L'autore

Elena Ricci nasce a Corigliano Calabro (CS) il 14 maggio 1991.

Cresciuta in Puglia, precisamente in provincia di Taranto, inizia a scrivere sin da bambina fino ad intraprendere la strada del giornalismo.

Cronista di nera e giudiziaria, nel 2016 consegue la tessera d'iscrizione presso l'Ordine regionale dei Giornalisti della Puglia.

Nello stesso anno consegue la laurea in Scienze della Comunicazione e dell'Animazione Culturale con una tesi in pedagogia generale dal titolo: "Coltivare il ricordo: approcci educativi con il paziente affetto da Alzheimer", divenuta la parte saggistica del presente libro.

Attualmente vive e lavora a Roma, negli ambiti della comunicazione.